Patrick Kunkel

Radtouren rund um Freiburg

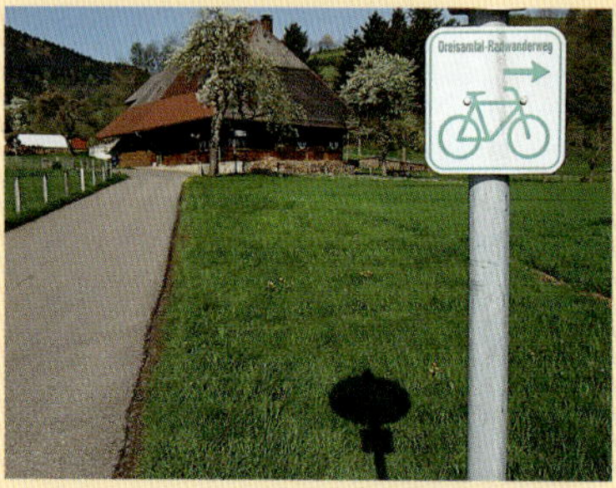
Dreisamtal-Radwanderweg

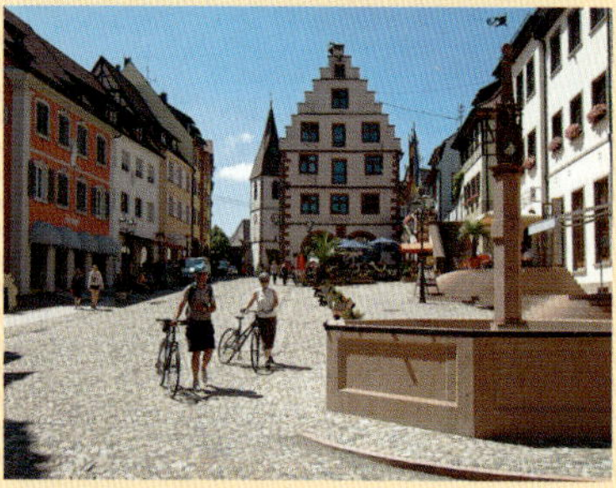

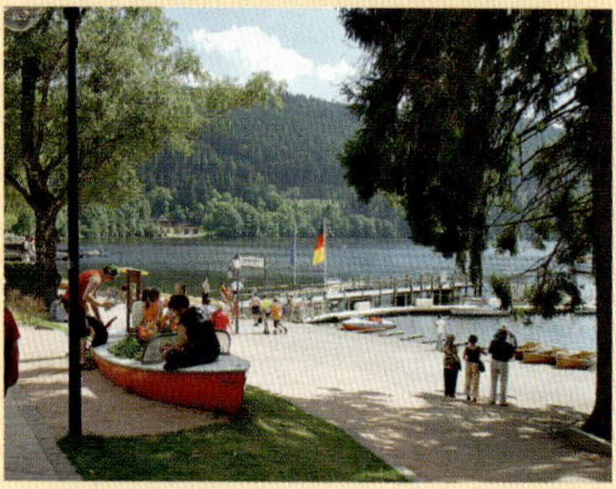

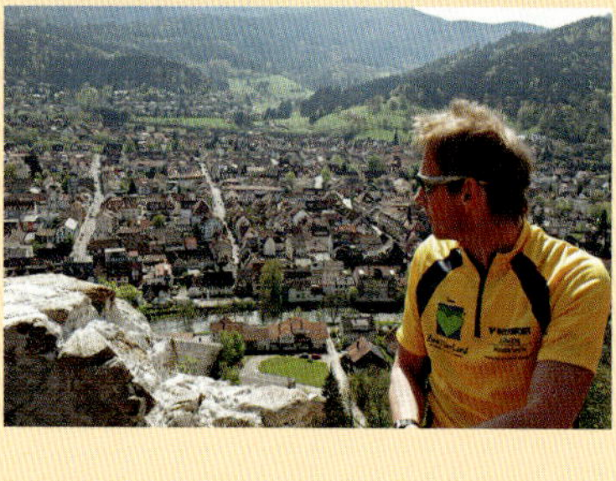

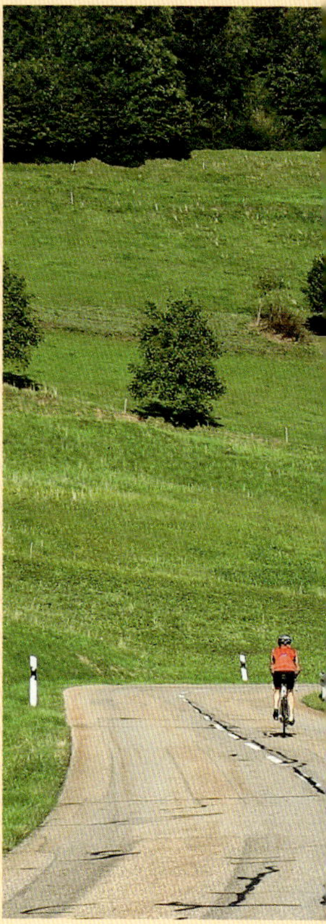

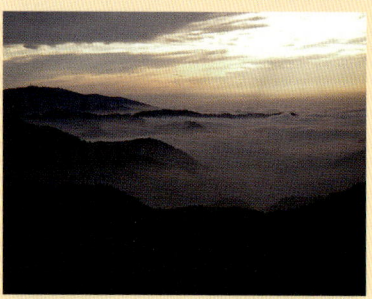

Patrick Kunkel

Radtouren rund um Freiburg

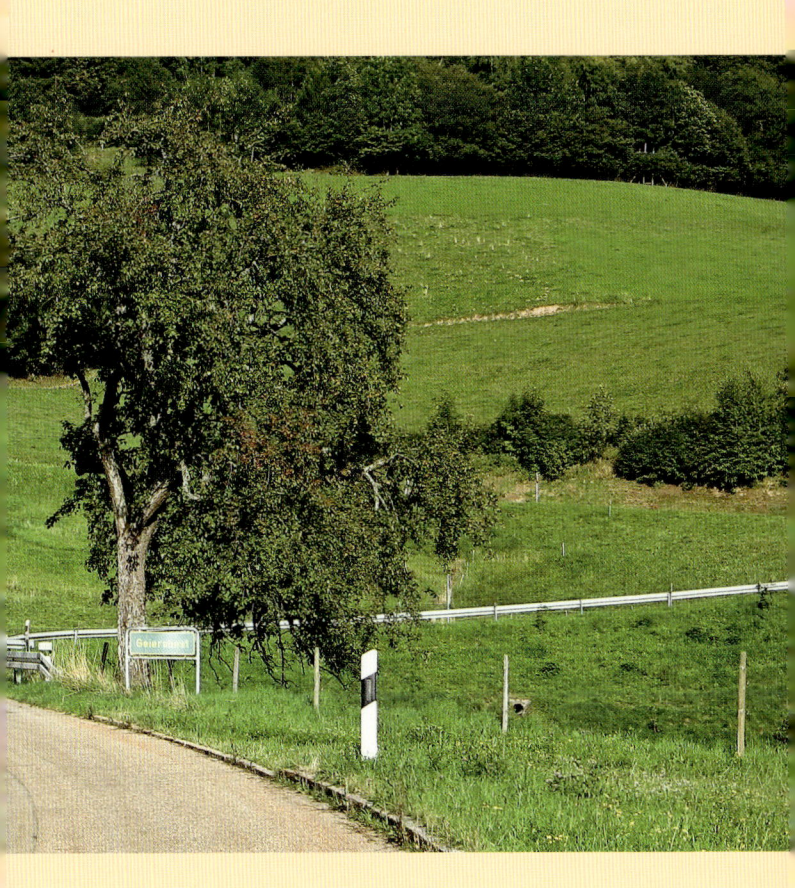

G. Braun Buchverlag

Inhalt

Fahrradstadt Freiburg	6
Hilfe von oben: GPS-Navigation fürs Fahrrad	9

Südlicher Breisgau und Markgräflerland

1	Halbtagestour rund um den Schönberg	11
2	Durch das Markgräflerland	14
3	Ein Ausflug ins Elsass	19
4	Rennradtour zum Geiersnest	23

Tuniberg und Kaiserstuhl

5	Durchs Naherholungsgebiet Nummer 1: ein Ausflug in den Mooswald	26
6	Auf den Tuniberg	30
7	Erholungstour ins Liliental am Kaiserstuhl	34
8	Von Breisach nach Freiburg	37
9	Tagestour zum Burkheimer Baggersee	42
10	Auf und um den Kaiserstuhl auf einem der schönsten Radwege Deutschlands	46
11	Von Weinberg zu Weinberg: Rennradrunde über Tuniberg, Batzenberg und Schönberg	51

Nördlicher Breisgau und Elztal

12	Einmal durch die Breisgauer Bucht	54
13	Ein Radritt ins Mittelalter: zur Hochburg nach Emmendingen	58
14	Von Elzach nach Freiburg	61
15	Nah am Himmel: auf einsamen Straßen durch Freiamt und das Elztal	66

Dreisamtal und Schwarzwald

16	Familienausflug in den verwunschenen Stadtwald	71
17	Auf den Schauinsland	74
18	Einmal rund ums Dreisamtal	80
19	Auf zweierlei Wegen zur Madonna: zu den Klöstern St. Peter und St. Märgen	84
20	Schwarzwaldkitsch und Natur: von Titisee nach Freiburg	89
21	Auf neuen Wegen im Mittleren Schwarzwald	92
22	Eiswind, Hexen und Schwarzwälder Kirschtorte: mit dem Rennrad auf Rinken und Thurner	97
23	Der große Unbekannte: Crosstour auf den Rohrhardsberg	100
24	Von Freiburg auf den Höchsten: der Feldberg ruft	104

Fahrradstadt Freiburg

Ach, Freiburg. Was schreibt man bloß über Freiburg? Der Stadt wurden schließlich schon viele Etiketten verpasst: Früher galt sie als Pensionopolis (wegen der vielen Pensionäre) und, alte Ansichtskarten beweisen es, als „Stadt des Waldes, des Weines und der Gotik". Auch in der Gegenwart sind die Zuschreibungen nicht viel besser: Synonyme suchende Journalisten stilisieren die etwas mehr als 200 000 Einwohner zählende Stadt mit schöner Regelmäßigkeit zur „Breisgaumetropole" hoch. In der linken Szene gilt die Stadt als Polizeiburg. Und je nach Betrachter wird das Städtchen an der Dreisam heute als Ökohauptstadt bezeichnet, Studentenhochburg, Solarhauptstadt oder, ganz neu, als Green City.

Fahrradflut in der City

Eine Zuschreibung trifft allerdings voll und ganz zu: Freiburg ist **Fahrradstadt**. Der Gastrokritiker Wolfgang Abel spöttelte zwar scharfzüngig über die „Hauptstadt der Liegeradfahrer", und in Wahrheit dürfte wohl Münster in Westfalen Deutschlands Fahrradstadt Nummer 1 sein. Dennoch: Freiburg braucht sich nicht zu verstecken, ganz und gar nicht. Die Stadt und vor allem ihr Umland gelten zu Recht als Paradies für Radfahrer. Freiburgs fahrradbegeisterte Bevölkerung hat den Drahtesel zum zweitbeliebtesten Fortbewegungsmittel werden lassen, im Alltag ebenso wie in der Freizeit: Auf den Hauptverkehrsachsen übersteigt die Zahl der Velos oft die der Autos. Zuweilen verstopft die Masse der abgestellten Räder so manchen Platz in der Innenstadt, sodass die Stadtverwaltung inzwischen versucht, der Velo-Flut mit „Fahrradabstellverboten" entgegenzusteuern, die sich aber bloß auf eine Strecke von ein paar hundert Metern entlang der zentralen Fußgängerzone beschränken. Dass die Stadt wenig für ihre Radfahrer unternehme, braucht sie sich nicht vorwerfen zu lassen: Das Radverkehrsnetz umfasst gut 400 km und wird nach und nach ausgebaut. Die Fürsorge der Verwaltung für ihre radelnden Bürger hat gar ein „Scherbentelefon" hervorgebracht (☏ 07 61 / 7 67 07 70). Und im Jahr 2008 möbelte die Stadt die Radwegsbeschilderung für 100 000 Euro auf, sodass man sich auch ohne Karte recht gut mit dem Rad zurechtfindet.

In Wahrheit ist es aber erst die **Landschaft zwischen Schwarzwald und Oberrhein**, die Freiburg zur Stadt der Radler macht. Keine andere Region in Südwestdeutschland bietet solch attraktive Möglichkeiten für ambitionierte Radwanderer, für Freizeitradler und Radsportler wie der Südwestzipfel der Republik. Das mediterran angehauchte Klima, die fruchtbaren Landschaften und die meisten Sonnentage bundesweit sorgen vom Frühjahr bis in den Herbst für optimale Radfahrbedingungen. Das Streckennetz ist gewaltig,

mobile Fahrradstation

In der Fahrradstation im mobile können Sie von morgens 5 Uhr bis nachts um 1.30 Uhr Ihr Fahrrad trocken und sicher unterstellen. Touren-City-Räder oder Mountainbikes halten wir als Leihräder bereit. Im Fahrradladen rad&tour erhalten Sie kompetente Fachberatung, Neu- und Gebrauchträder. Zusätzlich gibt es dort eine Fachwerkstatt für Reparaturen, Ersatzteile und Zubehör.

Tel. 0761 2927998 | www.mobile-freiburg.de

mobile
Wer da hingeht, kommt gut weg

---

die Kombinationsmöglichkeiten schier unbegrenzt: Für jede Kondition, Lust und Laune lässt sich etwas finden. Kein Wunder also, dass man in Südbaden so viele Rennradler, Mountainbiker oder Genussradler antrifft wie in kaum einer anderen Gegend in Deutschland. Es ist die Kombination aus Gebirge und Ebene, die Südbaden auszeichnet und Freiburg adelt. Hinter den letzten Häusern der Stadt beginnen schon die ersten Schwarzwaldberge. Man kann bis auf 1400 m hoch fahren und hat lange Anstiege, die fast Alpenpässen entsprechen, wie etwa die Strecke von Waldkirch hinauf zum Kandel. Man kann aber auch gemütlich flache Strecken Richtung Kaiserstuhl oder ins Markgräflerland fahren und nach 20 km in der Straußwirtschaft einkehren.

Selbst die Autofahrer in der Region scheinen von Südbadens Sonne milder gestimmt: Viele sind besser auf Radfahrer eingestellt und fahren vorsichtiger als anderswo. Aber dem Verkehr kann man auch gut aus dem Weg gehen, an autofreien Traumstraßen herrscht zwischen Rheinebene und Hochschwarzwald kein Mangel. In diesem Buch wird ein Mix aus **familienfreundlichen Tagestouren** vorgestellt, die zwischen 14,5 und 110 km

Für jeden Radlertyp etwas dabei: auf der Schwarzwald-Panoramastraße

Radausflüge sind rund um Freiburg auf gut ausgebauten Wegen möglich

lang sind. Die Touren führen meist über gute Radwege oder wenig befahrene Nebenstrecken, an deren Rand barocke Kirchen, verträumte Dörfer oder schmucke Weinorte mit ihren Winzerkellern und Straußwirtschaften zum Anhalten und Anschauen einladen. Für Sportliche gibt es vier knackige **Rennradtouren** über ausgesuchte Schwarzwaldberge und einsame Nebenstraßen (Touren 4, 11, 15 und 22) sowie zwei **Mountainbikerunden** (Touren 23 und 24), sodass auch Geländeliebhaber auf ihre Kosten kommen.

Die meisten Touren starten am zentralen Platz der Alten Synagoge in der Innenstadt. Von dort erreichen Radler schnell den **Dreisamuferradweg**, der nach Westen und Osten bequem und autofrei aus der Stadt hinausführt (und der deshalb auch als Ausfallstraße für Freiburgs Radler gilt). Aber aufgepasst: Am Uferweg ist viel los, gerade an Wochenenden teilen sich Radler die Piste mit Fußgängern und Skatern. Andere Wege aus der Innenstadt führen meist über gut ausgeschilderte Schleichwege abseits der großen Verkehrsadern.

Allgemein gilt für die Touren in diesem Buch: Alle Himmelsrichtungen werden eingeschlagen; das dichte Wegenetz in der Region ermöglicht beliebige Verknüpfungen, Abkürzungen und Verlängerungen der Touren. Oft ist auch die Nutzung öffentlicher Verkehrsmittel möglich, manchmal auch sinnvoll. Jede Tour ist exakt beschrieben und mit einem **Kartenausschnitt** versehen, der auch markante Streckenpunkte zeigt. Zusätzlich gibt es zu jeder Tour ein **Höhenprofil**, sodass man schon vorab besser einschätzen kann, ob die Strecke dem eigenen Leistungsstand entspricht.

Ohne **Karte** sollte man nicht losfahren. Gut geeignet für alle Touren rund um Freiburg sind die Landkreiskarten des Landesvermessungsamtes Baden-Württemberg (www.lv-bw.de). Die Doppelkarte Freiburg/Breisgau Hochschwarzwald sowie die Ausgaben für Emmendingen und Lörrach decken das Gebiet rund um Freiburg gut ab und sind dank ihres detailreichen Maßstabs (1:50 000) sowie der farblichen Hinweise auf die Fahrbahnbeschaffenheit der Strecken die wohl besten Radkarten, die für Südbaden im Handel erhältlich sind.

Hilfe von oben: GPS-Navigation fürs Fahrrad

Alle paar Meter anhalten. Mit verschwitzten Fingern die Karte aus der Rückentasche fummeln. Und dann immer noch nicht genau wissen, wo man eigentlich ist? Radfahren kann manchmal ziemlich nervig sein, vor allem, wenn man die Strecke nicht kennt und weit und breit kein Wegweiser in Sicht ist.

Heute gibt es glücklicherweise die satellitengestützte Navigation – segensreich, aber auch umstritten. Im Auto hat man sich schon lange an sie gewöhnt. Aber draußen im Gelände, beim Wandern oder Radfahren, sind Navigationsgeräte noch immer eher selten anzutreffen, obwohl es inzwischen eine große Auswahl an GPS-Geräten gibt, die speziell für den **Offroad-Einsatz am Rad oder beim Wandern** entwickelt worden sind. Oft genug wird der kleinen Plastikschachtel mit Skepsis begegnet: Wer diese nutze, der setze sich nicht mehr richtig mit dem Kartenmaterial und der Landschaft auseinander. Der mache sich von Technologie abhängig. Und laufe deshalb quasi blind durch die Gegend. In der Tat trifft das auf all jene zu, die sich etwa eine Route unbesehen aus dem Internet herunterladen, ohne Papierkarte losziehen und am Ende mit leeren Akkus mitten im unbekannten Wald stehenbleiben. Selbst schuld.

Wer hingegen **GPS als Hilfsmittel** begreift, mit dessen Hilfe man Touren noch genauer vorbereiten kann, dem eröffnet die Technologie viele neue, überraschende Wege. Die kleinen Plastikschachteln am Lenker oder in der Tasche übernehmen unterwegs die lästige Suche nach dem richtigen Weg, so hat man mehr Zeit für das Wesentliche – das Radfahren. Das ausführliche Kartenstudium und die Routenplanung wird zu Hause am Bildschirm erledigt – und schon mutiert das GPS-Gerät zum perfekten Tourenguide:

Orientierungshilfen: Schilder sind gut, GPS manchmal besser

Zeigt den richtigen Weg: GPS-Gerät fürs Fahrrad

Einfach immer der blauen Linie folgen, und man weiß jederzeit sofort, wo man sich befindet – sofern das Gerät Empfang hat, die Kartendarstellung detailliert genug ist und der Akku nicht schlappmacht.

Tracking, also die Aufzeichnung von Strecken während der Fahrt oder der Wanderung, ist mit den meisten aktuellen Geräten möglich. Die Daten lassen sich dann am PC auswerten und nachbearbeiten. Das ist vor allem für all diejenigen interessant, die ganz genau wissen wollen, wie lang eine Radtour war oder wie viele Höhenmeter sie hinter sich gebracht haben. Eine gute Alternative für all jene, die gerne ihre Wanderungen oder Radtouren aufzeichnen würden, sich aber kein teures GPS-Gerät leisten wollen, sind GPS-Logger. Solche Geräte sind klein wie Streichholzschachteln, haben kein Display und zeichnen Touren als GPS-Track auf – auf wenige Meter genau.

Da immer mehr Menschen GPS nutzen, gibt es inzwischen eine Reihe von **Internetseiten**, auf denen GPS-Nutzer ihre aufgezeichneten Strecken anderen zur Verfügung stellen. Auf diese Weise kommt man bequem zu schönen Touren – sofern die Daten stimmen. **GPX** ist das Austauschformat für GPS-Daten. Sämtliche Touren in diesem Buch sind als GPX-Datei auf der Website des Verlags (www.gbraun-buchverlag.de) zum Download hinterlegt. Unsere werten Leserinnen und Leser können sich die Datei dann auf das eigene GPS-Gerät übertragen oder in einem GPS-Viewer im Internet ansehen.

Infos	www.bikemap.net
	www.gpsies.de
	www.gpswandern.de/gpxviewer/gpxviewer.shtml
Kostenlose Karten	www.openstreetmap.org
Software	www.magicmaps.de

Halbtagestour rund um den Schönberg 1

Streckenverlauf	St. Georgen – Leutersberg – Ebringen – Pfaffenweiler – Ehrenstetten – Bollschweil – Wittnau – Au – Merzhausen – Freiburg
Schwierigkeitsgrad	leicht bis mittelschwer, hügelige Strecke
Länge	30 km
Höhenunterschied	330 m
	Wittnau, 401 m
Einkehren	Bollschweil: Bolando (www.bolando.de), Merzhausen: Hirschen (☎ 07 61 / 40 22 04)
Sehenswürdigkeiten	Pfaffenweiler: Dorfmuseum (☎ 0 76 44 / 9 70 00)

Verflixt! Weintage in St. Georgen. Laute Blasmusik. Und die Straße ist dicht. Voll mit Menschen, Wurst- und Weinbuden. Mit dem Kinderanhänger komme ich hier nicht weiter. Jetzt das Rad stehen lassen. Die Bratwurst… der Wein… Soll doch jemand anderes die Radtour beschreiben! Aber auch die Radroute rund um den Schönberg ist verlockend: Ein paar schöne Steigungen durch Weinberge und die Vorbergzone des Schwarzwalds, sodass man richtig ins Schwitzen kommt. Und hat sich meine Tochter Meret, die hinten im Fahrrad-Anhänger sitzt, nicht schon so gefreut auf das Picknick auf dem Waldspielplatz, der nahe Ehrenstetten gelegen ist? Und auf die Steinzeithöhlen bei Gütighofen? Oder auf die Pferde auf der idyllisch am Schönberg gelegenen Koppel in der Nähe von Wittnau und das Schnitzel in Merzhausen? Die Wurst kann warten.

Die Ruine Schneeburg auf dem Schönberg

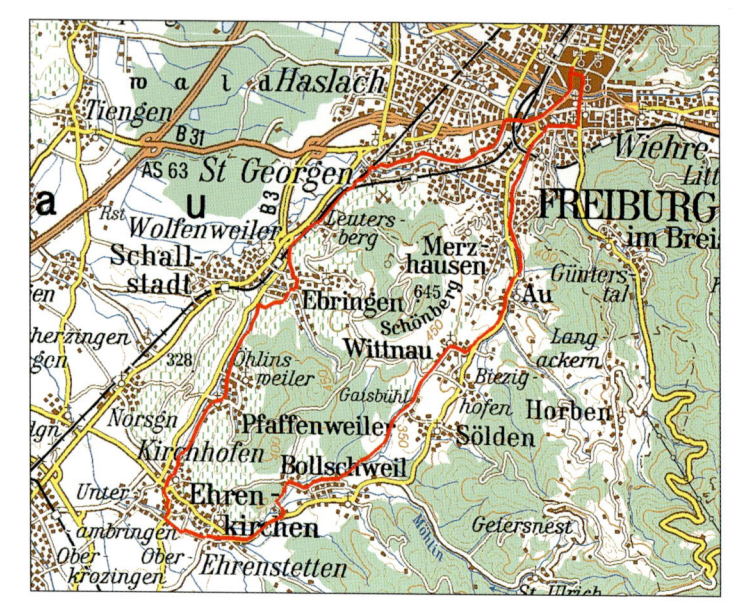

Eigentlich hätte ich, vom Vauban kommend, am Ende der Andreas-Hofer-Straße links in die Obergasse abbiegen müssen, dann rechts am Dorfbach entlang und gleich wieder links in die Malteserordensstraße. Wo aber sonst die grün-weißen Schilder des Markgräfler Radwanderwegs (Mg) den kompletten Weg durch das Schneckental weisen, stehen heute Weinbuden herum – kein Durchkommen, aber Schleichwege gibt es hier zum Glück genug.

Hinter St. Georgen geht es durch Weinberge am Fuß des Schönbergs mal auf und mal ab via Leutersberg nach Ebringen. Auch hier ist der Weinbau vorherrschend. Hier findet heute allerdings kein Weinfest statt. Es ist ruhig, und der verwinkelte Ortskern, durch den wir fahren, wirkt etwas verschlafen, ist aber dank der vielen und liebevoll sanierten alten Bauernhäuser sehr ansehnlich. Die Schönberg-Gemeinde kann immerhin auf den ältesten urkundlich erwähnten Weinbau im Markgräflerland zurückblicken, sie wird in einer Schenkungsurkunde aus dem 8. Jahrhundert genannt. Verhutzelte Bauernhäuser ruhen in der prallen Mittagssonne, ein Hund bellt in der Ferne, doch Zeit für eine Rast ist es noch lange nicht. Also weiter durch die Rebhänge nach Pfaffenweiler.

Ebringen ist für seinen Wein bekannt

Der Ort liegt zwischen dem Batzenberg im Westen und dem Hohfirst als Teil des Schönbergmassivs im Osten – aber da wollen wir ja gar nicht rauf. Am Wegrand in Pfaffenweiler sind reichlich Restaurants und Straußen ausge-

Auf dem Radweg rund um den Schönberg geht es immer auf und ab

schildert. Auch ein **Dorfmuseum** gibt es, das immerhin zweimal im Monat sonntags geöffnet hat. Dort finden sich neben Zeugnissen zur Dorfhistorie und zum Weinanbau auch Geschichten über die Steinhauerei in den Pfaffenweiler Steinbrüchen. Die durchgehend asphaltierte und kaum befahrene Strecke führt weiter bis in den Ortskern von Kirchhofen.

Der ausgeschilderte Radweg (ab hier nicht mehr der Markgräfler Radwanderweg) streift Kirche und Winzerkeller und führt schließlich in einer großen Linksschleife um den Ort herum. Dazu biegen wir am Kirchplatz ab in die Herrenstraße, überqueren die Niederdorfstraße und folgen dann der Staufener Straße bis zum Kapellenring. Dort geht es links ab. Den Schildern Richtung Ehrenstetten und Freiburg folgend, gelangen wir zum Ortsausgang von Ehrenstetten, wo unsere Strecke hinauf ins **Hexental** führt. Ein schöner Abstecher bietet sich gleich hinter Ehrenstetten an: Direkt am Ortsausgang führt rechts der Kohlerweg etwa 1 km weit bis zu dem legendären Spielplatz am Waldrand, der schön schattig liegt und über eine Grillstelle verfügt. Zurück auf der Hauptstrecke nach Bollschweil geht es nach 800 m in Gütighofen links ab Richtung „Bollschweil Unterdorf".

300 m weiter führt ein Wanderweg in etwa 5 Gehminuten bergauf zu den „**Steinzeithöhlen**" am Osthang des Ölbergs. Die Höhlen werden auch „Teufelsküche" genannt. Dort lebten vor etwa 35 000 Jahren Rentierjäger. Besichtigt werden können die Höhlen jederzeit – allerdings ist gutes Schuhwerk zu empfehlen, da sie nur über einen schmalen Pfad zugänglich sind, die Haupthöhle sogar nur per Leiter. Am Waldrand führt ein geschotterter, ausgeschilderter Radweg weiter bis nach Bollschweil-Unterdorf. Dann kämpfen wir uns den Berg hinauf nach Sölden – zwischen Obstwiesen, Weiden und Feldern. Das heißt: Ich trete in die Pedale, und meine Tochter feuert mich von hinten an. Grillen zirpen, Pferde stehen am Wegesrand. Das Strampeln lohnt sich in jeder Hinsicht: Zwischen Wittnau und Au blickt man über das Hexental auf Schauinsland und Geiersnest und wird am Ende mit einem schönen Freiburg-Panorama belohnt, bevor es via Merzhausen nach Freiburg zurückgeht. An der Strecke gibt es viele einladende Straußen und Gartenwirtschaften. Und in Merzhausen den „Hirschen" mit einem der schönsten Biergärten in der Region. Und einem der besten Schnitzel…

2 Durch das Markgräflerland

Streckenverlauf	Freiburg – St. Georgen – Leutersberg – Ebringen – Pfaffenweiler – Ehrenkirchen – Bad Krozingen – Schmidhofen – Gallenweiler – Heitersheim – Betberg – St. Ilgen – Dattingen – Zunzingen – Niederweiler – Badenweiler – Britzingen – Güttigheim – Laufen – Ballrechten-Dottingen – Staufen – Ehrenkirchen – Bollschweil – Sölden – Wittnau – Au – Merzhausen – Freiburg
Schwierigkeitsgrad	mittelschwer
Streckenlänge	60 km
Höhenunterschied	830 m
	Badenweiler, 428 m
Einkehren und Freizeit	Badenweiler: Cassiopeia-Therme (www.badenweiler.de), Staufen: Rothof-Straußé (☎ 07633/7680), Merzhausen: Jesuitenschloss (☎ 0761/7672762), Hirschen (☎ 0761/402204)

Das Markgräflerland: Nicht ganz Schwarzwald, nicht ganz Rheinebene, aber doch eine ganz eigene kleine Welt. Obstwiesen und Weinberge, kleine Dörfer und abgelegene Weiler prägen die Gegend. Und weil die Sonne hier oft und ausgiebig scheint, wird der Region oft genug der gänzlich überflüssige Titel „Toskana Deutschlands" verpasst. Das Markgräflerland hat dieses Attribut gar nicht nötig, es ist für sich alleine schon schön genug. Das Ge-

Wer im Markgräflerland unterwegs ist, hat den Schwarzwald immer im Blick

biet erstreckt sich südlich von Freiburg bis zum Rheinknie bei Basel. Streng genommen gehört auch ein Teil des Kleinen Wiesentals im Schwarzwald dazu und mit Belchen und Hochblauen sogar zwei über 1000 m hohe und markante Schwarzwaldgipfel.

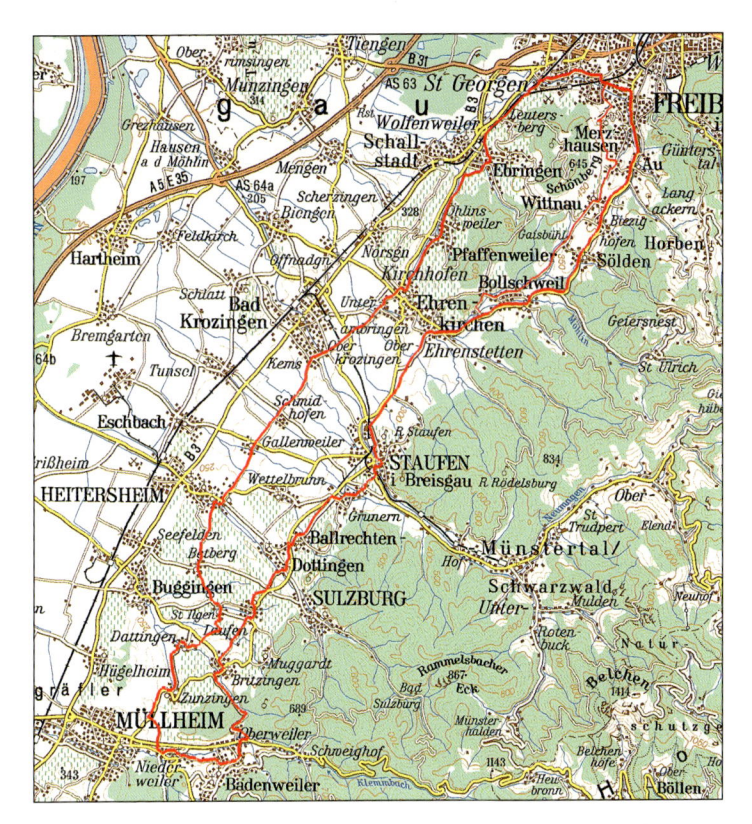

Geprägt ist das Markgräflerland aber vor allem vom Weinbau. Ein Netz von kleinen, einsamen Wirtschaftswegen durchzieht das stufige Hügelland, die meisten dieser Wege sind durchgehend asphaltiert. Das klingt nach paradiesischen Zuständen für Radler – und so ist es auch. Allerdings hat die hügelige Vorbergzone des Südschwarzwalds auch einige knackige, dafür aber sehr kurze Steigungen zu bieten. Das macht Radtouren durch das Markgräflerland zugleich anspruchsvoll und abwechslungsreich. Dank der guten Beschilderung ließe sich eine Tour durch diese Gegend nach Belieben zusammenstellen. Unsere Markgräfler Runde, die im Freiburger Stadtteil Vauban beginnt und endet, hat es zwar in sich – immerhin 830 Höhenmeter läppern sich auf den gut 60 km zusammen –, sie kann dafür aber leicht variiert und abgekürzt werden.

Unsere Strecke führt von Freiburg via Ehrenkirchen und Bad Krozingen zuerst nach Heitersheim und dann weiter nach Badenweiler – auf Nebenstraßen mit wenig Verkehr, die dafür bestens ausgeschildert sind. Zuerst geht es von St. Georgen aus an der Flanke des Schönbergs entlang bis nach Ehrenkirchen. Dazu folgen wir in St. Georgen der Andreas-Hofer-Straße durch den ganzen Ort und biegen an deren Ende links ab in die Obergasse. Ab hier ist der Radweg nach Ehrenkirchen ausgeschildert, der durch Ebringen und Pfaffenweiler immer am Fuß des Schönbergs entlang führt.

Ehrenkirchen/Kirchhofen erreichen wir durch die Bärenstraße, die in die Batzenbergstraße mündet. Rechts geht's ab in die Herrenstraße, vorbei am Gasthaus „Zur Krone" und gleich wieder links in die Lairenstraße. Ab hier fahren wir praktisch immer geradeaus und folgen dem Markgräfler Radwanderweg weiter bis nach Bad Krozingen. Den bekannten Kurort mit seinen vielen Bädern und Kliniken durchqueren wir aber schnell an dessen Südzipfel.

In Oberkrozingen verlassen wir den Markgräfler Radwanderweg und folgen durch die Schmidhofener Straße den Radwegschildern Richtung Schmidhofen. Via Gallenweiler geht's flach weiter bis nach Heitersheim. Dort fahren wir links in die Johanniterstraße und sofort rechts runter in den Schlossbuck, wieder links und dann weiter, ein kurzes Stück auf dem Markgräfler Radweg, der nach **Betberg** führt, immerhin einer der ältesten Orte des Markgräflerlandes mit einem durchaus wörtlich zu nehmenden Namen, denn das Beten hat hier eine lange Tradition: In dem kleinen Weiler abseits der Landstraße steht die älteste Kirche der Gegend. Das romanische Gotteshaus stammt aus dem Jahr 789, man kann seinen Turm schon von Weitem sehen.

In Betberg verlassen wir mal wieder den Markgräfler Radwanderweg und machen uns durch die Nobilingstraße auf nach St. Ilgen, einen ebenso kleinen Weiler, der sich mit einer **gotischen Wallfahrtskirche** schmückt. Der hübsch gestaltete Kirchplatz mit dem alten Brunnen aus Sandstein lädt zur Rast ein. Überhaupt machen schmale Asphaltstraßen, Hohlwege und schöne Aussichten auf die

Kirche in St. Ilgen

nahen Berge diesen Streckenabschnitt zu einem der attraktivsten unserer Tour. Allerdings ist das ständige Auf und Ab sportlich ebenso herausragend wie der Kirchturm von Betberg unter touristischen Gesichtspunkten – wer hier nicht nach Staufen via Laufen abkürzen mag, fährt weiter nach Dattingen.

In Zunzingen nehmen wir rechts die Rosenbergstraße und folgen dem Radweg Richtung Müllheim/Neuenburg entlang der L125, die wir aber nach ein paar hundert Metern schon wieder verlassen und nach links auf einen kleinen Wirtschaftsweg Richtung Badenweiler abbiegen.

Ab hier ist es gänzlich unkompliziert: Der ausgeschilderte Radweg führt direkt nach Niederweiler. Von der Weilertalstraße nehmen wir rechts die Lindenstraße, die erst zur Römerstraße wird und schließlich Schloßbergstraße heißt. Wie die Straße sich auch nennen mag, sie hat es in sich und führt steil bergauf nach Badenweiler hinein, sodass man direkt im beschaulichen Kurpark landet und praktischerweise in der Nähe der bekannten **Cassiopeia-Therme**, wo geplagte Radwanderer im heißen Thermalwasser zwar keine rechte Abkühlung, aber immerhin Entspannung finden. Vermutlich nutzten schon die Kelten die warmem Quellen. Doch nachweislich und bis heute sichtbar verdankt Badenweiler seine Bädertradition einem archäologischen

Herzlich willkommen in unserem kleinen Café!

Unser vielfältiges Sortiment winterharter Gartenblumen bietet allen Pflanzenliebhabern und Freunden unserer Spezialitäten - Iris, Pfingstrosen, Taglilien - immer Neues zu entdecken. Gartenliteratur, Werkzeug, Terracotta und Accessoires runden das Angebot ab.

Öffnungszeiten:
Mo-Fr: 8-18 Uhr, Sa: 9-14 Uhr, So: April & Mai
und am 2. Sonntag des Monats: 11-14 Uhr

Gräfin von Zeppelin
Staudengärtnerei Gräfin von Zeppelin

79295 Sulzburg-Laufen • Telefon 07634 /69716 • www.graefin-von-zeppelin.de

---

Zufallsfund: Im Jahr 1784 entdeckte man bei Bauarbeiten die Ruinen eines römischen Bades – die Geburtsstunde des heutigen Kurorts.

Eine große Pause ist hier auch angesagt, denn unsere Schlussetappe wartet noch mit ein paar knackigen Anstiegen auf. Vom Kurpark aus fahren wir links in die Ernst-Eisenlohr-Straße bergab durch Badenweiler (langsam natürlich wegen der Kurgäste). Rechts geht es dann in die Schweighofstraße und gleich wieder links in die Schwärzestraße Richtung Britzingen. Jetzt heißt es noch einmal richtig fest in die Pedale treten, doch kurz hinter der Römerbergklinik ist der Anstieg schon wieder vorbei, und es geht rasant bergab nach Britzingen.

Ab Britzingen ist Staufen zum Glück so gut ausgeschildert, dass man sich für die Strecke via Güttigheim, Laufen und Ballrechten-Dottingen nicht mit Kartenlesen aufhalten muss, sondern entlang dem Fuß des geschichtsträchtigen Castellbergs – einer der besten Weinsteillagen des Markgräflerlandes – genußvoll pedalieren kann. Der Weinort Laufen ist übrigens durch die bekannte **Staudengärtnerei** der Gräfin von Zeppelin zu einem Mekka der Blumenfreunde geworden. In den weitläufigen Anlagen werden berühmte Lilien- und Irispflanzen gezüchtet, die von Kunden aus der ganzen Welt bestellt werden.

Auf der Route nach Staufen sollte man nur in Grunern aufpassen: Dort geht's durch die Dorfstraße einmal quer durch den Ort und am Ende „Im Steiner" links ab. Gleich rechts führt dann ein kleiner Wirtschaftsweg (zuerst 100 m Schotter, dann wieder Asphalt, keine Beschilderung) geradewegs nach Staufen hinein. An der Münstertäler Straße biegen wir links ab und nehmen dann gleich rechts die Schladererstraße. Freiburg ist ab hier bereits ausgeschildert. In Staufen führt der Radweg aber zunächst mitten durch die Altstadt, und deren Besichtigung sollte man sich tatsächlich nicht entgehen lassen. Denn wer weiß, wie lange die beschaulichen und verwinkelten Gässchen mit ihren alten Fachwerkhäusern noch existieren?

> **Staufens Altstadt** hebt sich seit Februar 2008 jeden Monat um einen Zentimeter. Um das historische Rathaus mit klimafreundlicher Erdwärme zu beheizen, waren im September 2007 sieben Sonden bis zu 140 m tief in den Grund unter dem Rathaus getrieben worden. Danach traten erste Risse an der Fassade des Rathauses auf, bald darauf an vielen anderen Gebäuden der historischen Altstadt. Grund ist eine Gesteinsschicht aus Gips, die jetzt durch das eingedrungene Wasser aufquillt und dadurch Erdhebungen verursacht. Das idyllische Städtchen mit der weithin sichtbaren Burgruine wird sich weiter heben, so viel ist sicher. Wie stark, darüber streiten die Experten noch – und auch über die langfristigen Auswirkungen wird diskutiert. Im schlimmsten Fall müssten Teile der Altstadt abgerissen werden.

Der Rückweg von Staufen ist ausgeschildert und führt via Ehrenkirchen, Bollschweil, Sölden, Wittnau und Merzhausen zurück nach Freiburg (siehe auch Tour 17). Diese schöne Strecke durch das Hexental verläuft immer entlang der Landstraße – wer dem Verkehrslärm entfliehen will, braucht Reifen mit gutem Profil. Dann bietet sich folgende Variante an: 1 km hinter Ehrenkirchen geht links ein kleines Sträßchen durch Gütighofen ab. Dort führt ein geschotterter Weg zuerst am Waldrand unterhalb des Ölbergs entlang bis nach Bollschweil-Unterdorf. Am Sportplatz vorbei kommen wir durch Ölbergweg und Langackergasse. Der Wirtschaftsweg führt immer an der Flanke des Schönbergs entlang durch Kuhweiden und Wäldchen nach Sölden via Wittnau zurück nach Freiburg.

Eine steile, aber landschaftlich lohnende Variante: In Au nach einer kurzen Abfahrt links in den Ehrenmattenweg biegen. Dann gleich den nächsten Feldweg nach links nehmen, nach 290 m rechts abbiegen und dem Verlauf des Weges folgen. So kommt man schließlich beim **Jesuitenschloss** heraus, einem Anwesen, das von 1653 bis 1773 dem Jesuitenorden gehörte und heute als Weingut und Gaststätte betrieben wird. Nicht nur das gute Essen lohnt den Abstecher – auch die Aussicht über Freiburg ist grandios, und entsprechend voll ist es an Wochenenden. Von hier zurück nach Vauban ist es nur noch ein Katzensprung bergab.

Am Jesuitenschloss oberhalb von Merzhausen

Ein Ausflug ins Elsass

Streckenverlauf	Freiburg (Breisgau S-Bahn) – Breisach – Neuf-Brisach – Obersaasheim – Heiteren – Balgau – Fessenheim – Bremgarten – Schlatt – Biengen – Offnadingen – Norsingen – Schallstadt – Wolfenweiler – Ebringen – St. Georgen – Vauban
Schwierigkeitsgrad	leicht
Länge	53 km
Höhenunterschied	250 m
Einkehren und Freizeit	Breisach: Café Ihringer (☏ 0 76 67 / 3 10), Fessenheim: Au Bon Frère (00 33 / [0]3 89 48 60 92), Wolfenweiler: Binzenmühle (☏ 0 76 64 / 61 94 14, www.binzenmuehle-strausse.com), Vauban: Eisdiele/Café Limette (☏ 07 61 / 4 79 73 70)
Sehenswürdigkeiten	Breisach: Münster, Neuf-Brisach: Festung, Musée Vauban (☏ 00 33 / [0]3 89 72 03 93, info@tourisme-rhin.com), Fessenheim: AKW, Musée de la Hardt/Maison Schoelcher (☏ 00 33 / [0]3 89 62 40 85)

Obwohl Frankreich quasi „um die Ecke" liegt, gehören Fahrradausflüge ins benachbarte Elsass zu den eher seltenen Freizeitbeschäftigungen der Freiburger – lieber radelt man gemütlich durchs Dreisamtal oder lässt es im Mooswald rollen. „Frankreich? Zu weit vom Schuss", finden offenbar viele. Schade eigentlich, denn die Landschaft jenseits des Rheins ist genauso topfeben wie diesseits der Grenze und eignet sich daher bestens für ausgeruhtes und entspanntes Pedalieren. Und kulturell und kulinarisch hat das

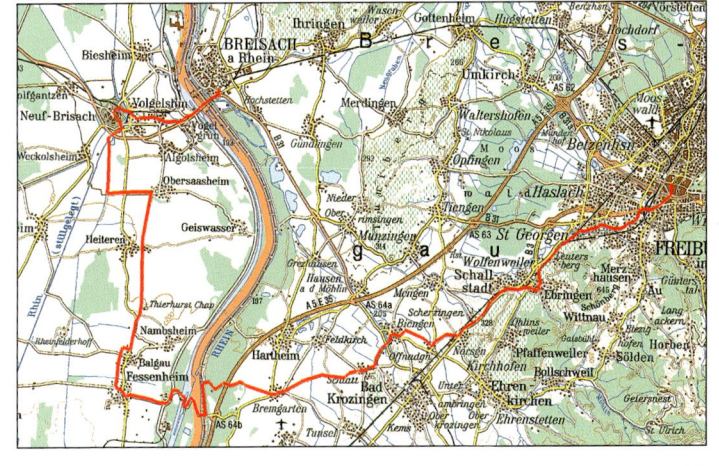

Elsass ohnehin einiges zu bieten. Unsere Schnuppertour führt von Freiburg aus zuerst mit dem Zug nach Breisach, der alten Münsterstadt, die direkt an der deutsch-französischen Grenze am Rhein liegt.

Nicht nur der Breisgau hat der einst so bedeutenden Stadt Breisach seinen Namen zu verdanken, sondern auch das französische Städtchen Neuf-Brisach. Von hier aus geht es via Fessenheim, vor allem wegen des pannenanfälligen Atomkraftwerks bekannt und berüchtigt, über den Rhein zurück nach Freiburg – eine insgesamt flache Runde, meist auf Rad- und Wirtschaftswegen, die aber wegen der Länge von 53 km nicht unterschätzt werden sollte. Ganz Sportliche absolvieren die gut 30 km lange erste Etappe nach Breisach natürlich nicht mit dem Zug, sondern per Rad (Strecke: siehe Tour 8, in entgegengesetzter Richtung).

Vom Breisacher Bahnhof starten wir nach links in die Bahnhofstraße. Im Kreisel nehmen wir die zweite Ausfahrt, ab hier sind Neuf-Brisach bzw. Colmar bereits ausgeschildert. Wir folgen den Schildern über die Rheinbrücke und den Canal d'Alsace auf den Radweg „Volgelsheim/Neuf-Brisach", der uns direkt bis vor die Tore Neuf-Brisachs bringt – und das ist nicht nur sprichwörtlich zu verstehen. Denn bis heute zwängt sich die 2219 Einwohner zählende Stadt in den Ring aus alten Festungsmauern. Die **Festung Neuf-Brisach** ließ der französische König zwischen 1699 und 1703 als Grenzbefestigung errichten, nachdem Frankreich die benachbarte Festungsstadt Breisach an Österreich verloren hatte. Erbaut wurde die Stadt vom Festungsarchitekten Vauban in Form eines Achtecks mit zentralem Exerzierplatz, der Place d'Armes, die heute als Marktplatz genutzt wird. Das Straßennetz ist schachbrettförmig angelegt, noch heute sind die Häuser und Straßenzüge sämtlich im rechten Winkel zueinander angeordnet, die Struktur erinnert noch immer an ein Heerlager. Alles in dieser Kleinstadt, selbst die Kirche, war militärischen Zwecken untergeordnet.

Wer die Ausmaße der Festung erkunden möchte, kann in den alten Graben hinabsteigen und auf einem 2,4 km langen Wanderweg die Mauern umrunden. Das geht sogar per Rad, allerdings ist der Weg nur grob geschottert. Die Befestigungsanlagen gehören seit 2008 zusammen mit anderen Bau-

Ein Weg in die Festung Neuf-Brisach führt durch das Straßburger Tor

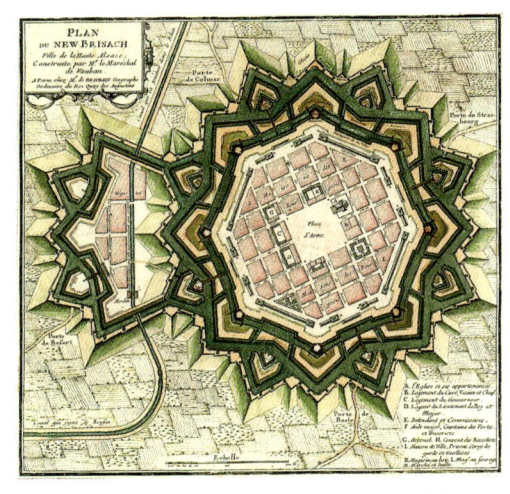

Vaubans Stern: Historischer Plan der Festung Neuf-Brisach, die bis heute erhalten ist

werken in ganz Frankreich zum UNESCO-Weltkulturerbe „Festungsanlagen von Vauban", denn der Baumeister Sébastien Le Prestre de Vauban hatte viele Festungen erbaut, auch auf deutschem Gebiet. Etwa in Freiburg, wo heute das Quartier Vauban (siehe Tour 8) mit seinem Namen an den Baumeister erinnert.

Durch die Porte de Strasbourg gelangen wir auf den Marktplatz, der sich dem Besucher frisch gepflastert und vor allem sehr aufgeräumt präsentiert. Etwas abseits davon stehen aber auch einige Häuser leer und versprühen den Charme des Verfalls – wohl auch ein Symptom dafür, dass die städtebauliche Entwicklung Neuf-Brisachs heute von den alten Mauern eingeschnürt wird. Neben den Befestigungsanlagen und der erhaltenen Stadtstruktur gibt es ein **Vauban-Museum** im Belfort-Tor, das über die Stadtbaugeschichte informiert. Wir überqueren den zentralen Platz und biegen dort links ab in die Rue de Bâle. Ab dem Radwegschild am Ortsausgang ist Fessenheim bereits ausgeschildert – leider, kann man fast schon sagen. Denn der brandneue Radweg ist zwar exzellent beschildert, sodass man in einem Rutsch durch die elsässischen Dörfer am Wegrand fahren kann. Aber man kommt eben auch nicht mehr so rasch mit Einheimischen in Kontakt, wenn man nicht ab und an von seinem Drahtesel absteigen muss, um nach dem Weg zu fragen.

Das erübrigt sich nun weitgehend: Der Weg ist Teilstück des Rheinradwegs („Veloroute Rhin, VR") und führt an Obersaasheim, Heiteren und Balgau vorbei, meist schnurgerade auf gutem Asphalt durch die Rheinebene mit ihren weitläufigen Feldern. Allerdings weht hier oft ein kräftiger Wind – ein Segen, wenn er von hinten kommt. Von der Ebene aus hat man einen tollen Blick auf den Schwarzwald – besonders markant sind Belchen und Blauen –, und wer sich einmal umwendet, kann eine schöne Aussicht auf die Vogesen genießen. Man sieht aber auch die ein oder andere Bunkerruine am Wegrand.

Der Radweg führt uns direkt bis an den Ortsrand von Fessenheim. Wir verlassen den Radweg und fahren nach links in den Ort hinein. An der Hauptstraße ist Heitersheim bereits ausgeschildert. Rechts geht es Richtung Kirche, dann links in die Rue du Rhin immer den Radwegschildern nach.

Kernkraftwerk Fessenheim Bei „Fessenheim" denken die deutschen Nachbarn vor allem – allerdings auch zu Recht – an das etwa 1,5 km südöstlich der Dorfmitte gelegene Kernkraftwerk. Es wurde 1978 in Betrieb genommen und gilt wegen seines Alters, immer wieder auftretender Störfälle und seiner Lage im erdbebengefährdeten Rheingraben als eines der unsichersten Kernkraftwerke Westeuropas. Der Trinationale Atomschutzbund, dem 62 Gemeinden aus Frankreich, Deutschland und der Schweiz angehören, engagiert sich seit Jahren für die Abschaltung des Pannenreaktors.

Doch bei aller Kritik an der Atomkraft droht in Vergessenheit zu geraten, dass Fessenheim auch ein typisch elsässisches Dorf mit alten Fachwerkhäusern ist, in dem es durchaus etwas zu sehen gibt. Etwa das **„Musée de la Hardt Maison Schoelcher"**. Victor Schoelcher (1804–1893) war ein französischer Politiker, der sich gegen politische Unterdrückung und für die Menschenrechte einsetzte.

Ab dem Ortsausgang von Fessenheim führt ein asphaltierter Radweg links von der Landstraße direkt auf das AKW zu – einen Flachbau-Klotz, der weiträumig abgesperrt ist. An dem zweireihigen Stacheldrahtzaun biegen wir links ab, folgen dem Radweg bis zur nächsten Kreuzung und von dort rechts den Schildern Richtung Heitersheim. Vorbei geht es schließlich am **Wasserkraftwerk Fessenheim**, wo wir den Rhein und die Staustufe des Rheinseitenkanals (Grand Canal d'Alsace) überqueren. Auf deutscher Seite, am Fuß der Brücke, biegen wir dann links ab und fahren ein paar hundert Meter rheinabwärts direkt am Flussufer entlang. Bei der nächsten Gelegenheit nehmen wir den kleinen Weg, der sich nach rechts durch den Rheinwald schlängelt (wir folgen dem Wanderwegschild mit den Wellensymbolen) und dann auf wundersame Weise in den ausgeschilderten Radweg R 3/R 4 übergeht, dem wir unter der A 5 hindurch bis nach Bremgarten folgen. Im Gegensatz zu Frankreich sind die Felder auf deutscher Seite kleinteiliger und immer wieder durch Baumreihen und kleinere Waldstücke unterbrochen, sodass der Wind hier nicht ganz so ungehemmt bläst wie jenseits des Rheins.

Wir erreichen Bremgarten und fahren geradeaus weiter durch diesen völlig unscheinbaren Ort. Via Schlatt gelangen wir nach Dottighofen und weiter nach Biengen. Durch die Felder geht es weiter den Radwegschildern nach bis nach Offnadingen, dort dann links auf die Hauptstraße und am Ortrand rechts ab durch die Felder in die Friedhofstraße. Sie führt nach Norsingen, einen kleinen Ort an der Südspitze des Batzenbergs. Hier wird Wein angebaut und badische Gemütlichkeit kultiviert. Weiter geht es für uns ganz komfortabel, nämlich ausgeschildert auf dem Radweg Richtung Schallstadt und Freiburg. Der führt zwar ein kleines Stück an der viel befahrenen B 3 entlang, später dann aber recht idyllisch am Fuß von Batzenberg und Schönberg durch Weinreben bis nach St. Georgen. Zurück in die Innenstadt geht es dann ganz einfach via Andreas-Hofer-Straße, Lörracher und Basler Straße.

Empfehlenswert – und immerhin vom Namen her bestens zum Beginn unserer Tour passend – ist aber auch ein Abstecher in das **Quartier Vauban**, einer früheren Kaserne, die nach dem alten Festungsbaumeister benannt war und heute das wohl bekannteste Wohnquartier Freiburgs ist (siehe auch Tour 8).

Rennradtour zum Geiersnest 4

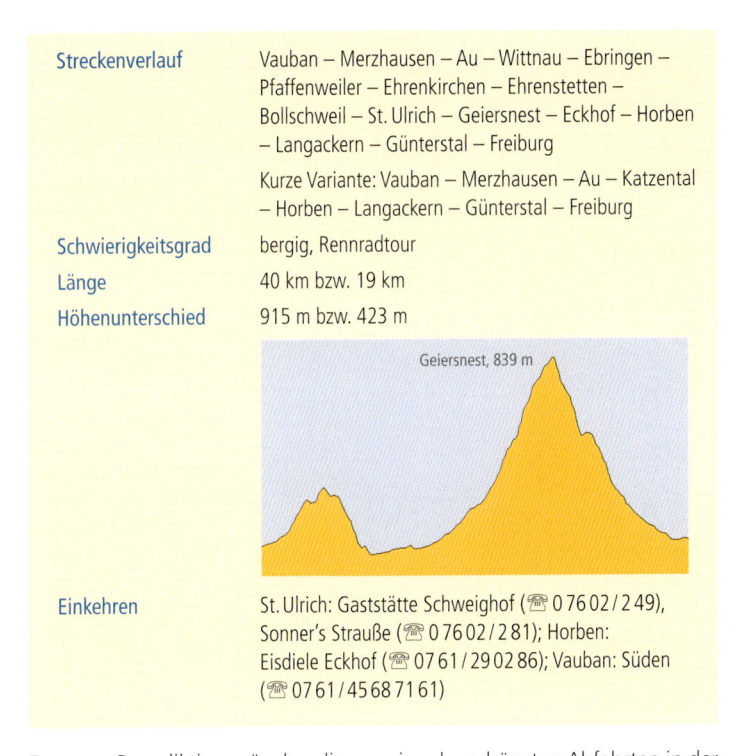

Streckenverlauf	Vauban – Merzhausen – Au – Wittnau – Ebringen – Pfaffenweiler – Ehrenkirchen – Ehrenstetten – Bollschweil – St. Ulrich – Geiersnest – Eckhof – Horben – Langackern – Günterstal – Freiburg
	Kurze Variante: Vauban – Merzhausen – Au – Katzental – Horben – Langackern – Günterstal – Freiburg
Schwierigkeitsgrad	bergig, Rennradtour
Länge	40 km bzw. 19 km
Höhenunterschied	915 m bzw. 423 m
	Geiersnest, 839 m
Einkehren	St. Ulrich: Gaststätte Schweighof (☎ 07602/249), Sonner's Strauße (☎ 07602/281); Horben: Eisdiele Eckhof (☎ 0761/290286); Vauban: Süden (☎ 0761/4568 71 61)

Es waren Benediktinermönche, die uns eine der schönsten Abfahrten in der Nähe Freiburgs beschert haben. Als Ulrich von Zell im Jahre 1083 im Möhlintal am Westrand des Schwarzwaldes einen Ableger des burgundischen Benediktinerklosters Cluny gründete und das Tal erschloss, da hatte er sicher keine Freizeitvergnügen wie Rennradfahren im Sinn. Während die Mönche damals zu Fuß über schlammige Pfade hinauf in das heutige St. Ulrich laufen mussten, führt heute eine bestens ausgebaute Landstraße an dem einstigen Kloster vorbei, bis hinauf zum Wanderparkplatz Geiersnest, einem Bergsattel unterhalb des Schauinslands. Die Mönche haben ihre Spuren hinterlassen. Das Kloster kann man besichtigen, und am Ortseingang prangt ein Schild, das St. Ulrich stolz als „Cluniazensische Ortschaft" ausweist. Der Glaube ist hier auf dem Land noch fest verankert. Die Tour beginnt in einem gänzlich anderen Milieu, nämlich in Freiburgs Öko-Vorzeigeviertel Vauban, wo die meisten Menschen eher an Demeter als an den heiligen Benedikt glauben.

Start ist am Paula-Modersohn-Platz. Wir nehmen die Merzhauser Straße (L 122) nach rechts, die uns via Merzhausen und Au bis nach Wittnau bringt. Dort biegen wir für einen größeren Schlenker rechts ab und fahren an der Flanke des Schönbergs entlang durch das Naturschutzgebiet (dazu an der Abzweigung zu den Stöckenhöfen rechts abbiegen Richtung Wittnau, dann wieder links „In den Haseln" und am Ende dieser Straße rechts durch die Weinreben bergauf Richtung Berghauser Kapelle). Die Abfahrt nach Ebringen ist steil und kurvenreich. An der Abzweigung „Ebringen-Unterdorf" biegen wir links ab Richtung Pfaffenweiler und folgen dem Radweg durch das

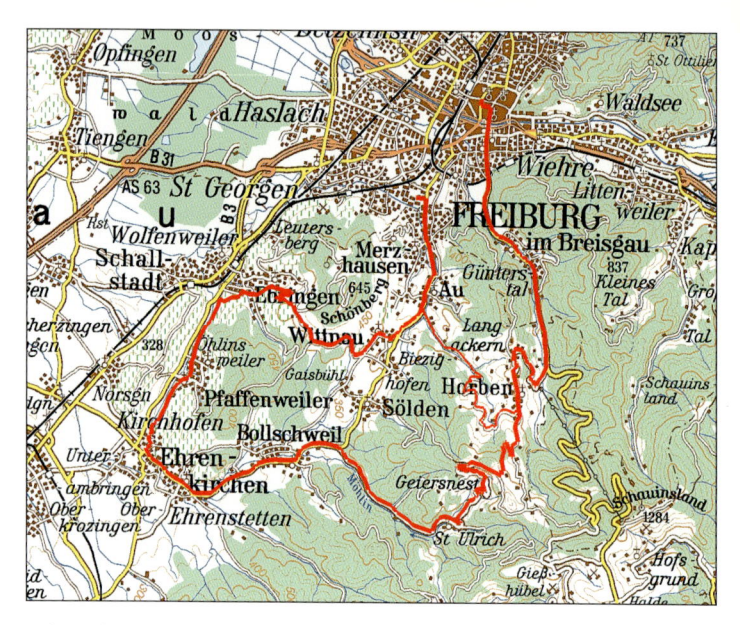

Schneckental bis Ehrenkirchen. Ein schöner und auch schön steiler Umweg nach Ehrenkirchen ist an dieser Stelle die Strecke über den Batzenberg: Die Straße führt über den Kamm des Weinbergs und bietet einen tollen Ausblick auf die Rheinebene und die Vogesen.

In Ehrenkirchen bietet sich der Platz vor der Kirche als Rastplatz an – das machen wir natürlich nicht, denn wir fahren gleich weiter nach rechts auf der Hauptstraße nach Bollschweil, wo bald Deutschlands erstes Genossenschaftsgasthaus und damit eine sicher schöne Einkehrmöglichkeit entstehen wird. Kurz hinter Bollschweil zweigt die Straße rechts ab nach St. Ulrich (K 4956). Sie ist kaum befahren, da die direkte Verbindung nach Horben für Autos gesperrt ist. Am Wochenende sind allerdings viele Ausflügler unterwegs. Nach rund 6 km erreichen wir die Ortschaft St. Ulrich.

> **Kloster St. Ulrich** St. Ulrich hat nicht nur einige sehr lauschige und schöne Ausflugslokale zu bieten, sondern auch ein sehenswertes Kloster, dem der kleine Ort seinen Namen zu verdanken hat: Er geht auf den hl. Ulrich von Regensburg zurück, der hier im Jahre 1087 ein Cluniazenser Reformkloster gründete. Nachdem Ulrich 1093 gestorben und in seinem Kloster beerdigt worden war, begann eine große Verehrung. Angeblich seien, so behauptet es die Erzdiözese Freiburg noch heute, viele Wundertaten durch die Anrufung des hl. Ulrichs geschehen. Im Jahre 1740 wurde von dem Baumeister Peter Thumb eine Barockkirche gebaut, deren Raum mit ornamentalem Stuckdekor sowie Wand- und Deckenfresken im Rokokostil ausgestaltet ist. Seit 1806, dem Jahr der Säkularisation der badischen Klöster, ist die Klosterkirche Pfarrkirche von St. Ulrich. Im Innenhof der Klosteranlage befindet sich eine romanische Brunnenschale. Heute beherbergen die alten Mauern eine Landvolkshochschule, die von der Erzdiözese Freiburg betrieben wird.

Die letzten 5 km bis zur Passhöhe haben es in sich: 365 Höhenmeter sind es noch bis zum Wanderparkplatz **Geiersnest**, der auf einem Gebirgskamm

Auf der serpentinenreichen Strecke nach Geiersnest

gelegen ist, von dem aus man schön in die Ferne sehen kann: Über das Rheintal schweift der Blick bis zu den Vogesen. Von hier fahren wir schließlich bergab, vorbei am Eckhof (leckeres Eis!) und am Buckhof (Radfahrer müssen fürs Auffüllen der Trinkflasche zahlen, so verprellt man Gäste), bis wir in Horben ankommen, das wir geradeaus durchqueren. Jetzt haben wir noch zwei leichte und – keine Sorge – sehr kurze Anstiege zu bewältigen.

Wir passieren Langackern und beenden unsere Tour mit einer fulminanten Abfahrt durch Günterstal in die Innenstadt. Die Strecke führt uns durch den Bohrer, vorbei an der **Talstation der Schauinslandbahn**. Wen es gepackt hat, der kann noch einen Abstecher auf den Schauinsland wagen – aber bitte nur unter der Woche oder samstags früh am Morgen, wenn das Verkehrsaufkommen einigermaßen erträglich ist.

Eine kurze Variante dieser Tour führt vom Vauban direkt nach Horben und zurück über Günterstal. Diese Route macht so viel Laune, dass man sie auch morgens vor der Arbeit prima schafft. Wer den Kreislauf in Schwung bringen will und sich nicht vor Kühen und Ziegen fürchtet, die zuweilen auf der Straße stehen, für den ist die Strecke genau richtig. Die knackigen Anstiege sind kurz genug, dass man am Ende nicht völlig ausgepowert ist.

Brunnen in Horben

Und zum Schluss gibt es eine zehnminütige Abfahrt. Wir starten im Vauban und fahren in lockerem Tempo nach Au. Hinter Au biegen wir links in die Selzenstraße Richtung Horben ab. Rund 2 km führt die Straße an einem Bach entlang. Dann, nach der Abzweigung rechts ins **Katzental**, kommt es ganz dick. Es geht schön steil nach oben, vorbei am Ringlihof (wer will, kann hier frischen Ziegenkäse kaufen), und spätestens hier sollten Sie das Display ihrer Pulsuhr ignorieren. Geschafft ist die stellenweise sicher 15-prozentige Steigung nach rund 1 km. Nun schlängelt sich die enge, aber gut asphaltierte Straße bis nach Horben. Im Ort biegen wir nach links ab und machen uns an die Abfahrt nach Freiburg durch Günterstal.

5 Durchs Naherholungsgebiet Nummer 1: ein Ausflug in den Mooswald

Streckenverlauf	Haslach – Schlatthöfe – Tiengen – Opfingen – Opfinger See – Mundenhof – Rieselfeld – Dietenbachsee
	Variante: Haslach – Schlatthöfe – Kleiner Opfinger See – Opfinger See – Mundenhof – Rieselfeld – Dietenbachsee
Schwierigkeitsgrad	leicht
Länge	25 km bzw. 19 km
Höhenunterschied	57 m
Einkehren und Freizeit	Mundenhof (☎ 07 61 / 89 42 19), Mooswald: Weingut Schlatthof (saisonal, ☎ 07 61 / 4 18 47), Abenteuerspielplatz Bugginger Straße
Sehenswürdigkeiten	Mundenhof

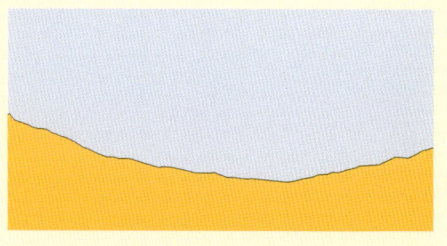

Anhalten. Sie stehen in einem lichtdurchfluteten Mischwald, am Rande einer Lichtung, die Stange ihres Fahrrads zwischen die Beine geklemmt. Direkt vor Ihnen liegen Pferdekoppeln und Weizenfelder, ein paar hundert Meter weiter steht ein Ensemble aus Bauernhäusern. Sie schließen die Augen: Warm fallen die Sonnenstrahlen auf Ihr Gesicht, Blätter rauschen im Wind, und Sie riechen dezenten Pferdeduft. Ein Kuckuck ruft, jetzt hören Sie ein Summen. Erst leise, kurz darauf ganz nah. Dann ein Stich. Dann noch einer. Und noch einer: Willkommen im Mooswald – Freizeitzone, Naturschutzgebiet und Insektenparadies. Und trotzdem mehr als einen Ausflug wert.

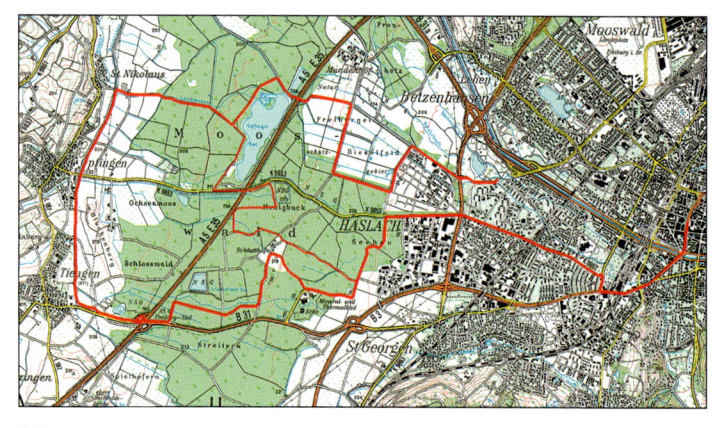

Stadtführung per Rad

Freiburg aus einer anderen Perspektive historisch – modern – mediterran

Infos & Anmeldung
Tel. 0761-202 34 26
www.freiburg-aktiv.de

Fahrradverleih
inkl. Lieferservice
City- & Mountainbike
Preise ab 5,- €
Tel. 0176-51 444 046
www.freiburgbikes.de

Freiburg-aktiv.de

Wer sich vorher ordentlich gegen Stechmücken, Bremsen und Zecken imprägniert, kann gelassen zur Rundtour durch Freiburgs Naherholungsgebiet Nummer 1 starten. Großer Fahrspaß ist gewiss, denn der Mooswald ist von einem Netz flacher Wirtschaftswege durchzogen, die auch Ungeübte und Kinder (von fünf Jahren an) ohne Stress bewältigen können. Wer kein spezielles Ziel hat, packt Picknickutensilien und eine Karte ein, etwa den Fahrradstadtplan der Stadt Freiburg, und fährt los. Einfach so. Kreuz und quer, weil der Mooswald viele schöne Streckenvarianten und unzählige Rastplätze bietet.

Wir stellen der Einfachheit halber zwei Strecken vor, bei denen auch Badefreunde und Liebhaber von Pommes Frites auf ihre Kosten kommen. Variante 1 ist etwa 20 km lang und führt via Eugen-Keidel-Bad über die Schlatthöfe nach Tiengen und von da aus zum Opfinger See, zum Mundenhof und zum Rieselfeld. Wir starten mitten in Haslach. Die Carl-Kistner-Straße bringt uns stadtauswärts. Kurz hinter dem Stadtrand biegen wir links ab in den Silberburgweg, einen geschotterten Waldweg, dem wir gut 500 m folgen. Sehenswürdigkeiten: erst der (nicht mehr ganz so neue) Stadtteil Rieselfeld. Dann Laubbäume, Mücken, Pferdeäpfel und Walker, die mit ihren Stöcken klappern.

Rechts geht es in den Seeweg und gleich wieder links in den Futtergängleweg und noch einmal rechts in den Schlattweg. Nun immer dem grünen Radwegschild folgen, bis man hinter ein paar Pferdekoppeln und Blumenwiesen auf die **Schlatthöfe** stößt. Dort können wir entweder rasten in der

Schönes Ausflugsziel: die Schlatthöfe mitten in Freiburgs Mooswald

Strauße (empfehlenswert, leider nur saisonal) oder einfach weiterfahren. Und zwar links an dem Gehöft vorbei zur Tiengener Hütte und dann rechts in den Vogteiwaldweg bis zur A5. Unter der Autobahn hindurch geht es Richtung Tiengen. Die Tuniberg-Gemeinde hat, was fast alle Dörfchen in der Gegend bieten: Wein, Spargel – und einen Open-Air-Schweinestall direkt am Hexenbach, wo wir der Kinder wegen natürlich anhalten. Oder auch gleich weiterfahren, immer am Bach entlang bis zum Opfinger Ortsteil St. Nikolaus. Den Mooswald können wir von hier aus übrigens die ganze Zeit rechts sehen.

In St. Nikolaus nehmen wir wieder Kurs auf das lockende Grün: Rechts in die Straße „Auf der Linge", an einer Gärtnerei vorbei und dann einmal quer durch den Wald bis zum **Opfinger See**. Wer baden will, muss den See einmal umrunden. Am östlichen Seeufer gibt es Badestellen, Grillplätze und sogar eine Pommesbude. Allerdings ist der See oft überlaufen. Ein Abstecher zum Kleinen Opfinger See jenseits der Landstraße lohnt, dort ist das Wasser auch klarer.

Den „Westlichen Seeweg" und den Staudenweg entlang kommen wir schließlich zum Mundenhof. Unsere Strecke führt direkt an dem Naturerlebnispark vorbei. Ein Abstecher zu den Tiergehegen, der Gastronomie und dem Spielplatz versteht sich fast schon von selbst.

> **Der Mundenhof: Natur – Erlebnis – Park** Am 28. September 1968 wurde das Tiergehege Freiburg von dem damaligen Oberbürgermeister Dr. Eugen Keidel eröffnet. Der „Naturerlebnispark Mundenhof" ist heute mit 38 ha eines der größten Tiergehege Baden-Württembergs und mit rund einer viertel Million Besuchern pro Jahr zugleich eine der beliebtesten Freizeiteinrichtungen in der Stadt und der Region. Dort leben überwiegend Haus- und Nutztiere, die aus allen Teilen der Welt stammen.

> Bis zum Jahr 2008 war der Mundenhof auch ein landwirtschaftlicher Betrieb, der auf 180 ha Anbaufläche fast den kompletten Bedarf des Tiergeheges an Heu, Stroh, Silage und Getreide produziert. Heute ist die Landwirtschaft zwar verpachtet, aber das Futter für die Tiere des Mundenhofs stammt noch immer von den eigenen Flächen.
>
> Ein wesentlicher Bestandteil des besonderen Mundenhof-Konzeptes ist die Gliederung der Tiergehege nach Kontinenten. Dadurch leben nach Möglichkeit nur Tiere zusammen, die aus dem gleichen Erdteil stammen. Ebenfalls Bestandteil des Gesamtkonzepts sind Erlebnisstationen wie das Steinpendel. Mit einem Gewicht von einer Tonne macht es deutlich, welche Kraft in einem ausgewachsenen Bison steckt.
>
> Die vielleicht größte Besonderheit des Mundenhofs: Der Besuch des Tiergeheges ist kostenlos, aber doch nicht umsonst. Wer mit dem Auto anreist, zahlt dafür eine erhöhte Parkgebühr von 5 Euro. (Quelle: Stadt Freiburg)

Hinter dem Mundenhof führen der Löhliweg und der Vormoosweg einmal rund um das **Naturschutzgebiet Rieselfeld**: Vom Schwarzmilan bis zur Gelbbauchunke gibt es hier etliche geschützte Tierarten. Man muss sich allerdings Zeit nehmen, bis man eines dieser Tiere auch sieht – und sollte vor allem einige Regeln beachten: Ein System von Fuß- und Radwegen erschließt das Naturschutzgebiet, die aber dann auch nicht verlassen werden sollten, um den Tieren und Pflanzen die notwendigen Rückzugsgebiete zu gewährleisten.

Zurück geht es via Bollerstaudenweg und Mundenhofer Weg immer am Rande des Stadtteils Rieselfeld entlang, der aus dieser Perspektive eigentlich ganz hübsch aussieht. Direkt hinter dem Mundenhofer Steg und der Besançonallee liegt unser Ziel für heute: Der **Dietenbachpark** mit dem grandiosen Abenteuerspielplatz in der Bugginger Straße, der für Kinder auch ohne den ganzen Mooswald drum herum einen Tagesausflug wert ist.

War noch was? Ach ja, Variante zwei, versprochen ist versprochen. Die Strecke ist etwa 5 km kürzer als die erste Runde und der schönste Fahrradweg zum **Kleinen Opfinger See**, dem mit dem nettesten Badepublikum rund um Freiburg. Zurück geht es dann über den großen Opfinger See wie in der ersten Tour. Hier die Wegbeschreibung, sie passt genau in vier Sätze: Sie erinnern sich, große Tour, Silberbergweg, die ersten 1000 m durch den Mooswald? Genau, statt in den Schlattweg biegen wir rechts ab in den Neuweg, fahren den dann immer geradeaus, bis wir hinter den Schlatthöfen auf den Tiengen-Grenzweg kommen. Dann einfach rechts („Honigbuck") bis zur Opfinger Straße, wo wir links auf dem Radweg weiterradeln, einmal über die Autobahn hupfen und bis zu einem kleinen Parkplatz rollen – et voilà: Der kleine Opfinger See liegt den mehr oder weniger Erschöpften zu Füßen.

6   Auf den Tuniberg

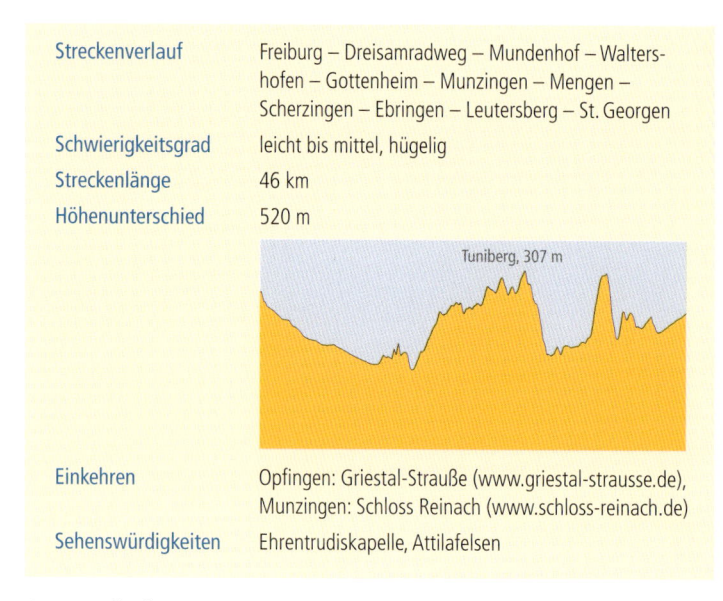

Streckenverlauf	Freiburg – Dreisamradweg – Mundenhof – Waltershofen – Gottenheim – Munzingen – Mengen – Scherzingen – Ebringen – Leutersberg – St. Georgen
Schwierigkeitsgrad	leicht bis mittel, hügelig
Streckenlänge	46 km
Höhenunterschied	520 m
	Tuniberg, 307 m
Einkehren	Opfingen: Griestal-Strauße (www.griestal-strausse.de), Munzingen: Schloss Reinach (www.schloss-reinach.de)
Sehenswürdigkeiten	Ehrentrudiskapelle, Attilafelsen

Gut, es gibt kaum eine abgedroschenere Wendung als „dieser oder jener Ort ist immer eine Reise wert". Da möchte man gar nicht weiterlesen. Der Tuniberg ist dennoch eine Reise wert. Eine kurze Radreise allemal. Er ist zwar nicht wirklich ein Berg, gilt aber immerhin als das kleinste Weinbaugebiet Deutschlands und wird oft als der „blühende Weingarten der Stadt Freiburg" bezeichnet. Der Tuniberg hat noch mehr Qualitäten: Er überragt die südliche Oberrheinebene und bietet so – als offene Kulturlandschaft – in alle Richtungen exzellente Ausblicke auf den Schwarzwald, die Vogesen und das Markgräflerland.

Frühlingsstimmung am Tuniberg

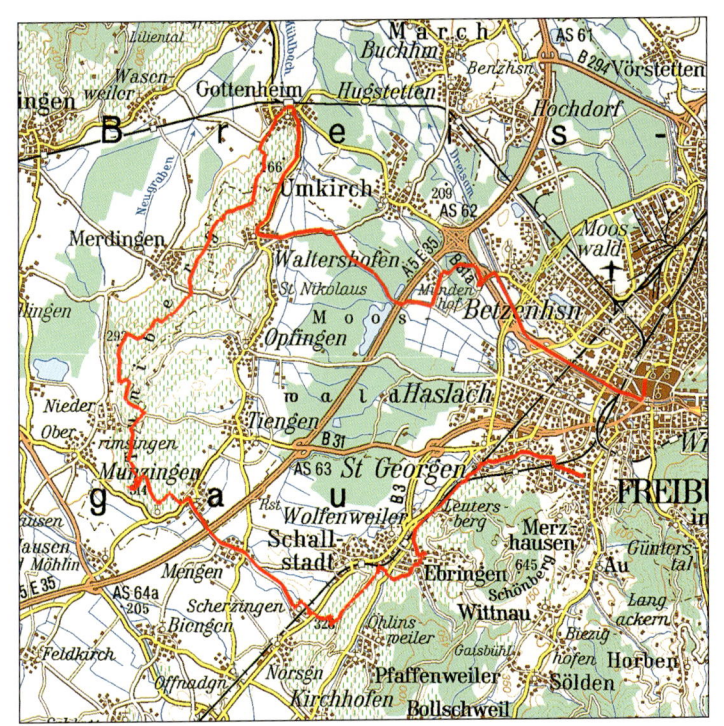

Vom Zentrum Freiburgs liegt unser Radreiseziel gut 8 km Luftlinie entfernt, mit dem Rad sind es gut 12 km. Um schnell aus der quirligen Innenstadt herauszukommen, nehmen wir ab der Kronenbrücke den Dreisamradweg. Gut 5 km später, auf der Höhe von Lehen, verlassen wir die Dreisam Richtung Mundenhof. Direkt hinter der Brücke geht es rechts ab. Ein schöner Waldweg, der Hardackerweg, führt hier in einem großen Bogen direkt zum Mundenhof. Von hier geht's erst am Mundenhof vorbei (durch den Mundenhofer Weg) und dann nach rechts in den Waltershofener Weg durch das Naturschutzgebiet nach Waltershofen. Der Weg nach Gottenheim ist ab Waltershofen ausgeschildert. Wir fahren zuerst durch die Umkircher Straße und biegen dann rechts in die Gottenheimer Straße ab, die nach Waltershofen als mäßig befahrene Landstraße am Fuß des Tunibergs bis nach Gottenheim führt.

Hier steigen wir in den **Tuniberg-Höhenweg** ein, auf dem wir 13 km lang von Gottenheim ganz im Norden bis nach Munzingen ganz im Süden des Tunibergs fahren. Die Anstiege sind hier nicht ganz so heftig (zwischen 2 und 6 Prozent), dafür ist die Strecke abwechslungsreich – auch unter touristischen Aspekten. Der 314 m hohe Tuniberg weist ein fast schon mediterranes Klima auf und zählt mit dem Kaiserstuhl zu den wärmsten Gebieten Deutschlands, was ihm vor allem im Frühjahr zum Vorteil gereicht, wenn im Schwarzwald noch tiefer Schnee liegt, während es auf dem Tuniberg schon behaglich warm werden kann. Kein Wunder, dass der Weinbau hier schon vor der römischen Besiedlung betrieben wurde. Heute werden jedes Jahr aus Trauben vom Tuniberg über 100 verschiedene Weine getrennt nach Lagen, Sorten und Qualitätsstufen ausgebaut – am Abend nach der Tour können Sie ruhig einmal die ein oder andere Flasche der Tuniberger Winzergenossenschaft entkorken und genießen – immerhin werden Weine von hier oft für ihre hohe Qualität ausgezeichnet. Abgesehen vom Wein sind vor allem Spargel- und Maisanbau am Tuniberg nennenswert.

Eine landschaftliche Besonderheit des Tunibergs lässt sich auch gut vom Fahrrad aus beobachten: Erst 1960 wurde die Rebflur neu aufgeteilt, die bis dahin wegen der Erbteilung in viele kleine Grundstücke zersplittert war. Es entstanden großflächige Weinbauterrassen, die leichter maschinell zu bewirtschaften sind – allerdings zum Nachteil des Artenreichtums am Tuniberg. Bei Gottenheim findet man einen gut erhaltenen „Alten Rebberg", der nicht flurbereinigt wurde: viele typische Kleinterrassen, schmale Feldwege und versteckte Böschungspfade. Doch diese entdecken Sie besser zu Fuß.

Wanderkarte am Tuniberg

Wir durchqueren Gottenheim auf der Haupstraße und biegen dann links in die Hogengasse ab. 60 m weiter biegen wir erneut ab: nach rechts auf die Tunibergstraße. Und jetzt können wir es uns einfach machen. Denn zugegeben: Ohne die ausgezeichnete Beschilderung des ADFC wäre eine Tourenbeschreibung über den Tuniberg fast ein Ding der Unmöglichkeit. Das Netz aus asphaltierten Wirtschaftswegen zwischen den Rebhängen ist derart dicht gesponnen und labyrinthisch – kaum zu beschreiben. Ein Bekannter, der um die Jahrtausendwende nach Freiburg zog, beschrieb seine Mühe mit dem Tuniberg einmal so:
„Ich habe vier Tage gebraucht, bis ich eine schöne Rennradroute durch die Weinberge gefunden habe – und sie mir auch merken konnte. Im nächsten Sommer war dann alles ausgeschildert." Sein Pech ist unser Glück. Der exzellent ausgeschilderte Tuniberg-Höhenweg führt uns von Nord nach Süd, bis zum **Attilafelsen** oberhalb von Niederrimsingen, der sich für eine Rast geradezu anbietet. Der Name geht auf einen Aprilscherz des damaligen Niederrimsinger Bürgermeisters im Jahr 1955 zurück: Einer Legende zufolge sei Attila, der Hunnenkönig, einst im Kampf nahe des Tunibergs gestorben. Der Bürgermeister meldete den Fund von Attilas Grab, und besagter Felsen trägt seither den Namen des Hunnenkönigs.

Nicht weit abseits unserer Route liegt übrigens die legendäre **Griestal-Strauße** mitten im Tuniberg: Ein Bauernhof zwischen Weinreben, der ökologischen Landbau betreibt und eine charmante saisonale Wirtschaft: Man sitzt im Obstgarten unter Bäumen auf dem Rasen, und Gäste werden auch auf Picknickdecken bewirtet – ein Abstecher ist fast schon obligatorisch.

Blick vom Ministerweg zur Ehrentrudiskapelle an der Südspitze des Tunibergs

Ein empfehlenswerter Rastplatz sind übrigens die Sitzbänke entlang des **Ministerwegs** am südöstlichen Ende des Tunibergs (Wegbeschreibung siehe Tour 11). Von der höchsten Erhebung des Tunibergs hat man nicht nur eine tolle Aussicht auf den Schwarzwald und das Markgräflerland, sondern auch auf die **Ehrentrudiskapelle**, die oberhalb des Freiburger Ortsteils Munzingen liegt und als Wahrzeichen des Tunibergs gilt. Benannt ist die Kapelle nach einer Äbtissin auf dem Nonnberg bei Salzburg, die um das Jahr 700 lebte. Dokumente bezeugen die Existenz der Kapelle in der zweiten Hälfte des 17. Jahrhunderts, allerdings legen archäologische Funde nahe, dass dort bereits um das Jahr 1000 ein Wallfahrtsort bestand. Besichtigen kann man das alte Gemäuer natürlich auch, die ausgeschilderte Zufahrt zur Kapelle befindet sich kurz vor unserer Abfahrt in den Tunibergort Munzingen.

In Munzingen geht's zuerst links auf die St.-Ehrentrudis-Straße. Am Schloss Reinach biegen wir rechts ab in die Romaneistraße und nehmen Kurs auf den Batzenberg. Immer geradeaus geht es bis Mengen und weiter nach Scherzingen, einen bezaubernden kleinen Ort direkt am Batzenberg. Gleich nach den ersten Wohnhäusern biegen wir links ab (dem Schild „Alle Richtungen" hinterher), nach der Eisenbahnunterführung fahren wir erneut links auf einen kleinen Wirtschaftsweg und dann über die B 3. Geradeaus windet sich ein schön schmaler, vor allem aber steiler Wirtschaftsweg in Serpentinen durch die Rebenhänge des **Batzenbergs** hinauf. Am besten orientiert man sich am Funkmast. Oben auf dem Kamm gibt's einen schönen Blick über die Rheinebene. Am Funkmast geht es links hinunter nach Ebringen. Dort folgen wir den Radwegschildern durch den Ortskern, gönnen uns aber den kleinen Schlenker durch die Brunnenstraße, wo ein imposantes geschnitztes Holztor an der Straßenfront eines Bauernhofes steht, das an die Holztore des Maramuresch in Rumänien erinnert, die so aufwendig gestaltet sind, dass man fast nicht glaubt, es handele sich um Gebrauchsgegenstände.

Via Rennweg und Dieselsteinweg fahren wir weiter nach Leutersberg. Der gut 4 km lange Rückweg nach Freiburg ist von hier aus so gut ausgeschildert, dass wir getrost den grünen Schildern durch St. Georgen folgen und die schöne Tour gemütlich ausrollen lassen können.

7 Erholungstour ins Liliental am Kaiserstuhl

Streckenverlauf	Freiburg – Bötzingen (Variante: Mundenhof – Waltershofen – Gottenheim) – Wasenweiler – Liliental – Ihringen – Merdingen – Niederrimsingen – Munzingen – Wolfenweiler – Freiburg
Schwierigkeitsgrad	leicht, flache Strecke
Höhenunterschied	140 m bzw. 210 m
Länge	Hinweg: 27,6 km bzw. 30,6 km Rückweg: 27,7 km oder per Bahn ab Ihringen Fahrzeit einfache Strecke: rund 2 Stunden
Einkehren	Mundenhof (☎ 07 61 / 89 42 19), Ihringen: Hofgut Lilienhof (☎ 0 76 68 / 99 67 70), Bräutigams Weinstuben (☎ 0 76 68 / 9 03 50, www.braeutigam-hotel.de) Wolfenweiler: Binzenmühle (☎ 0 76 64 / 61 94 14, www.binzenmuehle-strausse.com)
Mit der Bahn	Breisgau S-Bahn ab Ihringen, Fahrradmitnahme kostenpflichtig

Höhenprofil: Liliental, 283 m

Orchideen oder Mammutbäume gefallen gewiss nicht allen. Doch man muss kein Pflanzenliebhaber sein, um einem Familienausflug zum Arboretum Liliental etwas abgewinnen zu können. Die Radtour zu dem abgele-

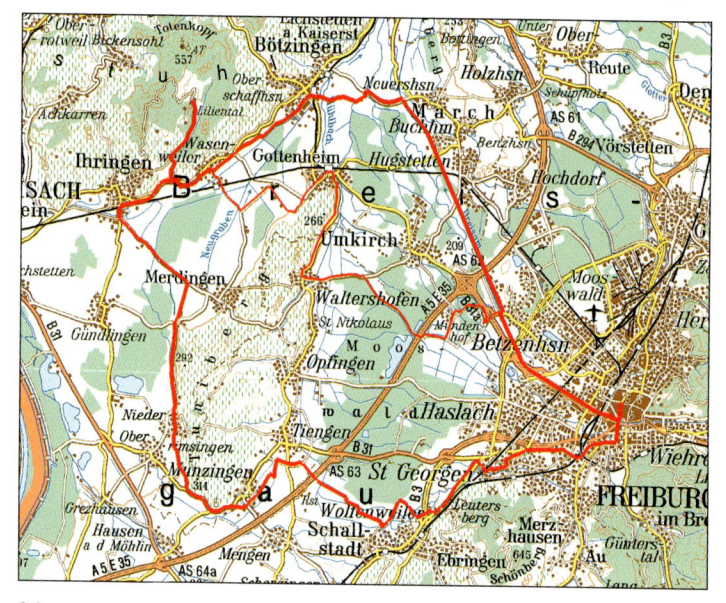

Bräutigam
★★★ HOTEL RESTAURANT WEINSTUBE

Hotel Restaurant
Bräutigams Weinstuben
Bahnhofstr. 1
79241 Ihringen

Tel: 07668/90350
Fax: 903569
www.braeutigam-hotel.de
info@braeutigam-hotel.de

Gut beschilderte, herrliche Rad- und Wanderwege im Kaiserstuhl und blühende Obstanlagen. Wir laden ein zur Einkehr und bieten Ihnen eine traditionelle Atmosphäre und eine sonnige Gartenterrasse. Vom regionalen Vesperteller bis hin zu unserem Lieselmenü verwöhnen wir Sie mit allem, was das Radlerherz begehrt. Außerdem die besten Weine am Kaiserstuhl und saisonale Spezialitäten aus eigenem Anbau.

Wir freuen uns auf Ihren Besuch!

---

genen Tal im Kaiserstuhl zwischen Ihringen und Wasenweiler ist nicht allzu anstrengend und eignet sich daher für die ganze Familie. Die Landschaft ist abwechslungsreich, die Strecke führt durch den Mooswald, vorbei an Bauerngärten und Weinreben. Je nach Route bleibt man die meiste Zeit vom Straßenverkehr verschont, und nennenswerte Steigungen sind auch nicht zu bewältigen. Unterwegs locken zahlreiche Rast-, Spielplätze und Badestellen, am Ziel ein charmanter Baumpark mit exotischen Pflanzen, ein großer Abenteuerspielplatz und eine lauschige Ausflugsgaststätte.

Das **Arboretum** umfasst eine Fläche von rund 255 ha. Dazu gehören Samenplantagen, Klonsammlungen, Baum-, Strauch- und Prüfanlagen, Wiesen, Hütten, Feuerstellen, Fischteiche und Aussichtspunkte. Der Eintritt ist frei. Was will man mehr? Unterwegs einkaufen vielleicht: Je nach Saison kann man sich am Streckenrand mit regionalen Leckereien eindecken, etliche Bauernläden und -lädchen bieten ihre Erzeugnisse feil.

Der Hinweg ist gut 30 km lang, der Rückweg ebenso. Wer müde Beine hat, kann aber bequem mit der Breisgau S-Bahn ab Ihringen zurückfahren. Start ist in Freiburg am Platz der Alten Synagoge. Von dort fährt man zur Kronenbrücke und verlässt die Stadt am besten über den Dreisamradweg: Rechts rauscht der Fluß, links der Autobahnzubringer.

Die wohl einfachste Strecke führt von Freiburg 11 km flußabwärts, mal links, mal rechts der Dreisam. Ein bisschen langweilig zwar, aber leicht zu finden. Auf der Höhe von Neuershausen verlässt man den Fluss und folgt den Radwegschildern nach Bötzingen. Von dort schlängelt sich der ausgeschilderte Radweg am Fuß des Kaiserstuhls durch Felder und Obstplantagen. Der Eingang zum Liliental liegt zwischen Wasenweiler und Ihringen, jetzt noch 2,5 km bis zum Gasthaus Liliental. Geschafft. So einfach ist das. Und jetzt erst mal verschnaufen unter schattigen Mammutbäumen.

*Beliebtes Ausflugsziel:
Hofgut Lilienhof
im Liliental*

> **Liliental** Das Tal wurde 1957 von der Landesforstverwaltung gekauft, um dort ein Versuchsgelände für Pflanzenkultur und ein Arboretum, eine Sammlung seltener Bäume, aufzubauen. Der Grund: Im Kaiserstuhl herrscht das wärmste Klima Deutschlands, weshalb hier auch Pflanzen aus südlichen Gefilden gedeihen: Zypressenarten, Zedern, Lebens- und Mammutbäume, Tulpenbäume und weitere exotische Nadel- und Laubhölzer. Und wer es genau wissen will, erfährt auf übersichtlichen Schautafeln Name und Herkunft sämtlicher Pflanzen.

Die landschaftlich abwechslungsreichere Strecke in das schöne Tal ist etwas komplizierter, aber sie lohnt sich. Den Dreisamradweg verlässt man schon auf der Höhe von Lehen Richtung Mundenhof. Direkt hinter der Brücke geht es rechts ab – ein schöner Waldweg führt hier in einem großen Bogen direkt zum Mundenhof. Von hier geht's erst am Mundenhof vorbei und dann durch das Naturschutzgebiet nach Waltershofen und auf dem ausgeschilderten Radweg weiter via Gottenheim und Wasenweiler ins Liliental – teils auf Wirtschaftswegen, teils auf Straßen, die aber meist relativ wenig befahren sind.

Zurück ist's leicht: Talabwärts bis zum Kaiserstuhlradweg und rechts bis nach Ihringen. Dort entweder in den Zug steigen (der Radweg führt am Bahnhof vorbei) oder dem ausgeschilderten Radweg nach Merdingen folgen. Kurz vor Merdingen, mitten in den Feldern, biegt ein Wirtschaftsweg nach rechts ab, der am Fuß des Tunibergs auf dem Tunibergrundweg (Tur) in Richtung Niederrimsingen führt. Auf diese Weise hangelt man sich von Schild zu Schild und Ort zu Ort: Niederrimsingen, Munzingen, Wolfenweiler, St. Georgen und schließlich die Innenstadt. Highlights unterwegs sind: Der **Niederrimsinger Baggersee** und diverse Straußwirtschaften. Der Radweg schlängelt sich idyllisch am Fuße des Tunibergs bis nach Munzingen, zahlreiche Walnussbäume säumen die Rebhänge. Direkt hinter dem Ortseingang von Munzingen geht der Radweg rechts ab, immer den grünen Schildern nach durch den Ortskern in Richtung Opfingen.

Die Route führt durch Felder (wer's genau wissen will: geradeaus, rechts, links, rechts). Aber dann nicht nach Opfingen, sondern rechts Richtung Schallstadt mit einer hübschen Aussicht auf den Schönberg. Zum Schluss geht's noch einmal unter der A 5 durch. Dahinter geradeaus weiter am Mühlebach entlang, den man schließlich nach rechts überquert, um gleich darauf links Richtung Wolfenweiler abzubiegen. Von dort ist es nur noch ein Katzensprung nach Freiburg.

Von Breisach nach Freiburg 8

Streckenverlauf	Freiburg (Breisgau S-Bahn) – Breisach – Gündlingen – Niederrimsingen – Munzingen – Wolfenweiler – St. Georgen – Vauban
Schwierigkeitsgrad	leicht
Streckenlänge	29,3 km
Höhenunterschied	110 m
Einkehren	Munzingen: Schloss Reinach (☎ 07664/4070, www.schloss-reinach.de), Kapellenblick-Straße (☎ 07664/2341), Wolfenweiler: Binzenmühle (☎ 07664/619414, www.binzenmuehle-strausse.com), Vauban: Eisdiele/Café Limette (☎ 0761/4797370)
Sehenswürdigkeiten	Breisach: Münster, Museum für Stadtgeschichte (☎ 07667/8３265), Wolfenweiler: Binzenmühle (☎ 07664/619414, www.binzenmuehle-strausse.com), Munzingen: Ehrentrudiskapelle, Stadtviertel Vauban

Wenn es ganz schlecht läuft, dann kommen Sie klatschnass, stark angeheitert und mit Zwiebelsäcken bepackt in Freiburg an. Sofern Sie nicht vorher schon von eifrigen Polizeibeamten aus dem Verkehr gezogen worden sind. Aber Sie sind sie ja mit der Familie unterwegs. Ein Gläschen Wein ist da vielleicht drin, mehr nicht. Und nehmen Sie Handtücher mit. Denn die Strecke von Breisach nach Freiburg ist 30 km lang, durchgehend flach und geht mitten durch eine Gegend, die vor allem als Weinbau- und Spargelgebiet bekannt ist. Etliche Straußwirtschaften und Hofläden (wo man außerhalb der Saison eben meist nur Zwiebeln und Kartoffeln und Schnaps bekommt)

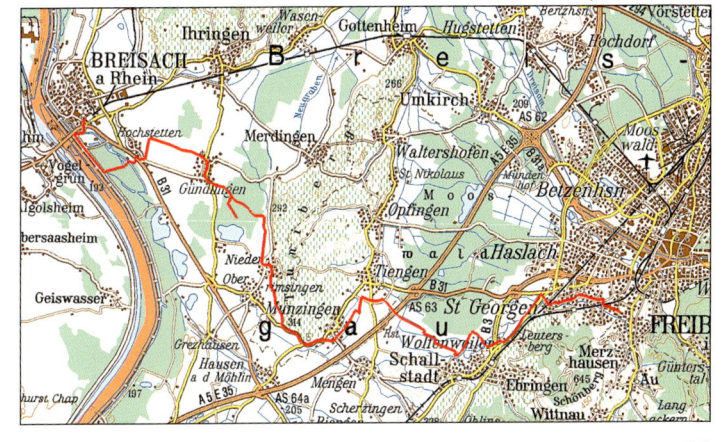

liegen an der Strecke, außerdem ein Badesee, der Rhein und viele alte Geschichten. Am Ende wartet dann die Gegenwart mit der weltbekannten Freiburger Solarsiedlung und dem Ökoviertel Vauban.

Die Route beginnt in Breisach, das wir von Freiburg aus mit der Breisgau S-Bahn erreichen (Ticket fürs Fahrrad lösen!). Sie können den Hinweg über Opfingen, Waltershofen, Gottenheim, Merdingen und Ihringen natürlich auch mit dem Rad absolvieren. Die Strecke ist dann zwar doppelt so lang, aber am Ende eines langen Tages haben Sie immerhin den Tuniberg fast komplett umrundet (siehe Tour 7 zum Arboretum Liliental).

Breisach war einst eine der bedeutendsten Städte am Oberrhein, was allerdings den gegenwärtigen Stadtslogan „Eintauchen in die Stadt der grenzenlosen Vielfalt" nicht besser macht. Die Vielfalt ist sehr wohl begrenzt, das mit dem Eintauchen ist auch irgendwie schwierig, aber Breisach hat dennoch einige Sehenswürdigkeiten zu bieten: Es gibt das (auch sonntags offene) **Museum für Stadtgeschichte** und den **Eckartsberg** mit Resten einer Festung und einem schönen Ausblick. Interessant auch der **Radbrunnenturm**, der einen 41 m tief in den Felsen reichenden Brunnen beherbergt. Er wurde einst mit einem Tretrad betrieben, daher der Name. Heute befindet sich ein Kunstzentrum in den alten Mauern und rundherum viele sehenswerte Steinskulpturen. Schöne Aussichten zum Kaiserstuhl, Schwarzwald und den Vogesen gibt es auch vom Münsterberg. Darauf steht das **Münster**, Breisachs Wahrzeichen, das weithin sichtbar die Häuser der Altstadt überragt.

Breisacher Münster Ein ganz besonderes Kleinod grüßt im Südwesten des Kaiserstuhls schon von Ferne – das Breisacher St. Stephansmünster. Hoch auf dem Münsterberg gelegen, überragt es als Breisacher Wahrzeichen die Häuser der Altstadt und die Rheinebene. Seine beiden Türme weisen den Weg zu einem interessanten Bauwerk, das herausragende Kunstwerke birgt. Romanische und gotische Elemente prägen das Münster, dessen Bau vermutlich im ausgehenden 12. Jahrhundert begonnen und im späten 15. Jahrhundert vollendet worden ist.

Der französische Festungsbaumeister Sébastien Le Prestre de Vauban ist nicht nur Namensgeber für das Freiburger Vorzeige-Ökoviertel Vauban (wo unsere Tour diesmal endet). Er hat auch die Geschichte von Breisach geprägt, immerhin baute er die Stadt im 17. Jahrhundert zur Festung aus. Breisach ging später jedoch an die Habsburger verloren, und als Ersatz durfte Vauban auf Geheiß des französischen Königs auf der gegenüberliegenden Rheinseite den heute noch bestehenden „Festungsstern" **Neuf-Brisach** errichten. Er ist etwa 4 km von Breisach entfernt. Die fast vollständig erhaltene Festungsanlage mit Musée Vauban (dienstags geschlossen) kann besichtigt werden, ein Abstecher lohnt durchaus (siehe auch Tour 3).

Vom Breisacher Bahnhof aus fahren wir Richtung Rheinufer und folgen der „Veloroute Rhein" flussaufwärts. Etwa 1 km hinter dem Ruderhaus folgen wir dem weißen Schild Richtung Hochstetten einmal quer durch den Rheinwald (Mund zu, Mücken!). Am Wegrand informieren Schautafeln über die Funktion von Auwäldern. Nach gut 1 km führt eine Fußgänger- und Radfahrerbrücke über die stark befahrene B 31, wir lassen sie links liegen. Direkt hinter der Abzweigung zu dem Ort folgen wir einem Hinweisschild mit der Aufschrift „Erdaushub-Deponie", fahren dann gleich die nächste Gelegenheit rechts und gelangen so bis nach Gündlingen, immer die Silhoutte des Schwarzwaldes im Blick, dessen Berge sich imposant in der Ferne auftürmen. Wir folgen dem grünen Radwegschild durch Gündlingen hindurch (immer auf der L 134). Direkt hinter dem Ortsausgang macht die Straße eine scharfe Kurve nach rechts, dort verlassen wir den ausgeschilderten Radweg wieder und fahren über einen sehr holprigen Feldweg geradeaus weiter auf einen schönen lichtdurchfluteten Mischwald zu, der an den **Niederrimsinger Baggersee** grenzt.

Nach 400 m befindet sich am rechten Wegrand eine kleine Hütte. Wem nach Erfrischung zumute ist, biegt hier rechts ab und gelangt eine Links- sowie eine Rechtskurve später zum Seeufer. Ansonsten erreicht man nach gut 1 km den Waldrand. Dahinter ragt bereits der Tuniberg mit seinen ockerfarbenen Felsen und Weinbergterrassen fast wie eine Steilwand auf. Am Fuße des Tunibergs stoßen wir auf ein Teilstück des Tunibergrundwegs (Tur) und fahren nach rechts Richtung Niederrimsingen, einen kleinen Weinort mit Straußwirtschaften und Bauernhöfen. Wie in allen Orten an der Strecke kann man auch hier direkt beim Erzeuger einkaufen: Ganzjährig werden Kartoffeln und Zwiebeln feilgeboten. Während der Saison gibt es aber auch Obst, frisches Gemüse und Wein.

Wir nehmen den Radweg Richtung Munzingen. Die Straße führt idyllisch am Fuße des Tunibergs nach Süden, zahlreiche Walnussbäume säumen die Rebhänge. Wir stoßen auf die K 9864, die wir an dieser Stelle überqueren müssen, und folgen dem Radweg rechts der Kreisstraße bis nach Munzingen. Auf halber Strecke befindet sich übrigens ein Golfplatz – aber das passt ja weniger ins Familien-Freizeit-Profil, dafür gibt es in Munzingen die **Kapellenblick-Straußte**. Direkt hinter dem Ortseingang geht es rechts ab, immer den grünen Schildern nach durch den Ortskern Richtung Opfingen.

Der Weg führt nun durch Felder, man hat eine reizvolle Aussicht auf den Schönberg. Wir halten uns rechts (die nächste links, dann wieder rechts) und finden uns auf einem Wirtschaftsweg Richtung Schallstadt wieder, der nach ein paar hundert Metern unter der A 5 hindurchführt. Die Gegend ist recht idyllisch, vor allem wegen des Schwarzwaldpanoramas, und bietet schöne Rastplätze. Jenseits der A 5 geht es geradeaus weiter (und nicht den Radwegschildern nach) an einem Bach entlang, den wir schließlich nach rechts überqueren, um gleich wieder links Richtung Wolfenweiler abzubiegen. Erneut queren wir den Bachlauf und landen schließlich in Leutersberg. Hier haben wir die Wahl: entweder direkt zurück nach St. Georgen und weiter ins Vauban, das inzwischen weltbekannte, fast autofreie Ökoviertel. Hier gibt es eine **Solarsiedlung** zu besichtigen, außerdem außergewöhnliche Architektur und statt Autos hunderte von Bobbycars, Rollern und Fahrrädern.

Quartier Vauban Das Quartier Vauban gilt als ein Modellprojekt für eine nachhaltige und an ökologischen Zielen ausgerichtete Stadtentwicklung. Alle Bauherren sind zur Niedrigenergiebauweise verpflichtet. Passivbauweise, Plusenergiehäuser und der Einsatz von Solartechnik sind freiwillige Leistungen. Täglich sieht man auf den verkehrsberuhigten Straßen Besuchergruppen aus aller Herren Länder, Filmteams und Journalisten – kein Wunder also, dass das Viertel heute als ökologisches Aushängeschild der Stadt Freiburg gilt und inzwischen in der ganzen Welt bekannt ist.

Der autoreduzierte Stadtteil auf dem Gelände der ehemaligen Vauban-Kaserne befindet sich etwa 2,5 km vom Stadtzentrum entfernt am südlichen Stadtrand. Das Gebiet liegt landschaftlich reizvoll am Ausgang des Hexentals, am Fuße von Schönberg und Lorettoberg, in direkter Nachbarschaft zur Gemeinde Merzhausen. Hier beginnt die Toskana Deutschlands, wie eine überregionale Tageszeitung diesen Landstrich hymnisch feierte: Wohnen, wohin andere in Urlaub fahren. Die Qualität des Wohngebietes wird durch einen alten, schützenswerten Baumbestand bestimmt: Wohnen im Park, nicht auf dem Parkplatz. Die Straße wird zum Begegnungs- und Aufenthaltsraum und nicht zur Parkfläche. Hier gilt Schrittgeschwindigkeit für Autofahrer und Zweiradfahrer.

Die militärische Nutzung hat das Gelände fast 60 Jahre lang der Stadtentwicklung entzogen. Im August 1992 wurde das Gelände schließlich von den Forces Françaises en Allemagne (FFA) freigemacht. Seither entsteht auf dem 38 ha großen Areal Wohnraum für insgesamt über 5000 Menschen.

Oder vielleicht noch einen Abstecher zu dem kleinen Weinort Wolfenweiler machen, wenn sich der Nachwuchs dazu motivieren lässt? Das Dorf hat nämlich nicht nur einen guten Wein hervorgebracht, sinnigerweise mit einem Wolf als Markenzeichen, es gilt auch als möglicher Geburtsort des Kartographen **Martin Waldseemüller**.

> **Amerika kommt aus Freiburg!?** Woher kommt eigentlich Amerika? Fragt man Rudolf-Werner Dreier, den Kommunikationschef der Albert-Ludwigs-Universität in Freiburg, so fällt die Antwort nicht gerade bescheiden aus. „Amerika kommt aus Freiburg", sagt Dreier. Schließlich habe der Kartograph Martin Waldseemüller seine Kindheit in der Breisgaustadt verbracht, habe dort studiert und sei dort Magister geworden. Aber das ist nur die halbe Wahrheit, was er auch augenzwinkernd eingesteht.
>
> Am 25. April 1507 gab es eine wissenschaftliche Revolution, die das damals vorherrschende Bild der Erde gründlich über den Haufen geworfen hat. Waldseemüller, ein Magister aus Freiburg, stellte damals einer staunenden Öffentlichkeit sein neues Werk vor, eine großformatige Weltkarte auf der erstmals ein vierter, bisher unbekannter Kontinent abgebildet war. „America" hatte er das Land jenseits des Atlantischen Ozeans getauft, nach Amerigo Vespucci, dem florentinischen Seefahrer.
>
> Die Waldseemüllerkarte gilt heute als „Taufschein Amerikas" und wurde im Jahr 2005 von der UNESCO zum Weltdokumentenerbe erklärt. Der Magister Waldseemüller gibt sogar Stoff für einen historischen Roman ab. Allein die Ausmaße seiner Karte dürften die Zeitgenossen schwer beeindruckt haben – sie besteht aus zwölf Holzschnitt-Tafeln, und aufgefaltet ist sie fast 3 m² groß. Das Werk war zu seiner Zeit ein Bestseller, 1000 Exemplare sind damals hergestellt worden. Heute existiert nur noch ein Exemplar der Waldseemüllerkarte, und das lagert sicher in der Kongressbibliothek in Washington D. C.

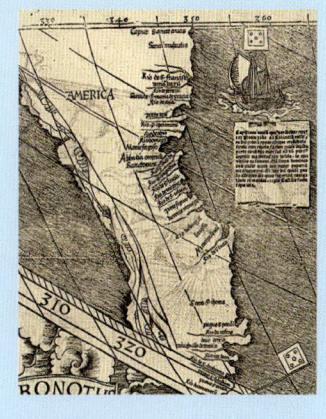

Auch Wolfenweiler möchte etwas von dem Ruhm des Kartographen abhaben. Waldseemüller sei in Wolfenweiler geboren, heißt es dort, und zwar irgendwann zwischen 1470 und 1475. Erst als Kind sei er mit seiner Familie in die nahe gelegene Stadt gezogen. Einen Beweis dafür, etwa eine Geburtsurkunde, gibt es zwar nicht, dafür aber Indizien, die ein Gemeindemitarbeiter aus historischen Dokumenten zusammengetragen hat. Waldseemüller gilt heute als berühmtester Sohn Wolfenweilers. Es kann ihn ja keiner mehr fragen. Eine Straße wurde bereits nach dem Kartographen benannt. In der steht Martin Waldseemüllers mutmaßliches Geburtshaus, die **Binzenmühle**. Welch ein Zufall: In dem historischen und liebevoll sanierten Gemäuer befindet sich heute eine lauschige Straußwirtschaft.

9 Tagestour zum Burkheimer Baggersee

Streckenverlauf	Freiburg – Buchheim – Neuershausen – Bötzingen – Wasenweiler – Ihringen – Vogtsburg-Achkarren – Niederrotweil – Burkheim – Breisach – Grezhausen – Hausen – Munzingen – Tiengen – Freiburg
Schwierigkeitsgrad	leicht, flache Strecke
Streckenlänge	Hinweg 36 km (Hinweg) bzw. 38 km (Rückweg), Tagestour
Höhenunterschied	73 m bzw. 167 m
Einkehren	Burkheim: Städtle-Café (☎ 07662/947697, www.staedtlecafe.de), Munzingen: Schloss Reinach (☎ 07664/4070, www.schloss-reinach.de), Mooswald: Schlatthof
Mit der Bahn	Fahrradmitnahme in der Breisgau S-Bahn ab Freiburg möglich, kostenpflichtig

Eigentlich ist Burkheim ganz charmant. Das kleine Städtchen hat sich bis heute ein mittelalterliches Flair bewahrt, der historische Stadtkern lockt mit verwinkelten Gassen und Fachwerkhäusern. Es gibt eine Schlossruine und blauen Himmel. Doch zu viel Beschaulichkeit kann auch nerven, vor allem wenn die Sonne vom Himmel herab brennt. Zum Glück hat Burkheim auch einen Baggersee, einen ziemlich netten sogar, mit türkisblauem Wasser,

Die Altstadt von Burkheim hat bis heute ein mittelalterliches Flair

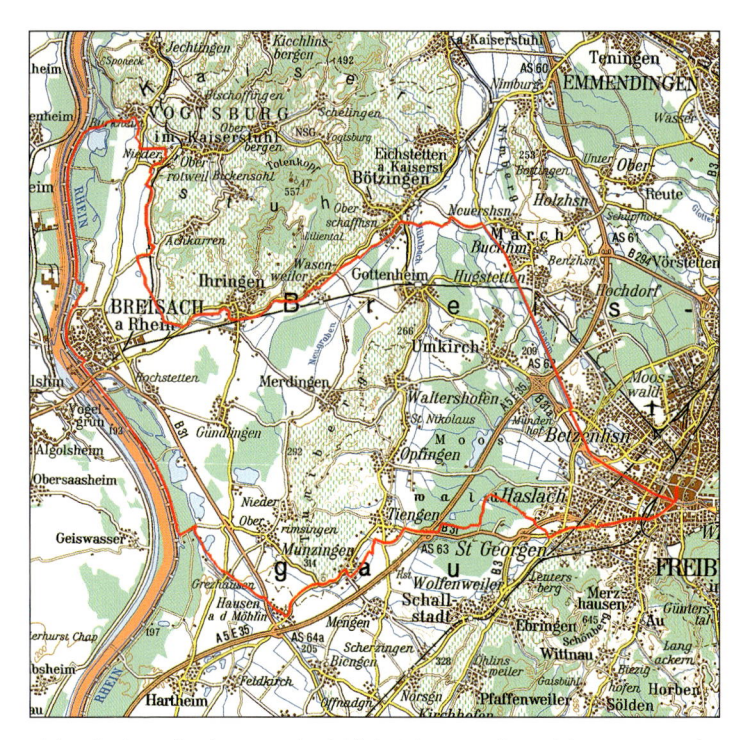

vielen flachen Einstiegen und reichlich Schatten. Ein Bad im See sorgt für Abkühlung, und man kann sich danach wieder auf das beschauliche Städtchen einlassen.

Die Radtour von Freiburg nach Burkheim ist sportlich nicht besonders anspruchsvoll, aber da der Hinweg 36 km und der Rückweg 38 km beträgt, braucht man gute Ausdauer und sollte viel Zeit mitbringen. Man kann freilich auch nur Teilstrecken fahren. Also etwa mit dem Rad zum See, dort ins frische Nass und dann von Breisach mit der Breisgau S-Bahn zurück nach Freiburg. Oder umgekehrt.

Die ganze Runde kann man aber auch an einem Tag locker schaffen – und auch mit älteren Kindern Spaß dabei haben. Auf Höhe der Kronenbrücke steigen wir in den Dreisamuferradweg ein, der uns kerzengerade 11 km weit flussabwärts führt, bis wir den Uferweg auf der Höhe von Neuerhausen nach links Richtung Bötzingen verlassen. Von dort geht es weiter auf einem ebenen, ausgeschilderten Radweg am Fuß des Kaiserstuhls entlang bis nach Ihringen. Die Gegend ist kleinteilig: Obstbaumplantagen, Nussbäume, kleine Äcker, Holzstapel, einzelne Bauernhöfe. Wir passieren den Bahnhof Ihringen und folgen den Schildern Richtung Breisach. Und wieder Felder, Bäume, Höfe, Holzstapel. Kurz vor Breisach-Süd geht's unter der Landstraße durch, dahinter auf dem Radweg schnurstracks geradeaus weiter Richtung Achkarren.

An der Bahnstation Achkarren vorbei fahren wir geradeaus auf der K 4926 weiter, immer an der Bahnlinie entlang bis nach Niederrotweil. Radwegschilder lotsen sicher durch die verwinkelten Straßen des Winzerdorfs. Hinter

Schlossruine von Burkheim mit Blick auf den Kaiserstuhl

dem Ort führt die Strecke schön durch Weinberge, Burkheim ist dann auch schon ausgeschildert. Schon von Weitem sieht man die **Schlossruine**, die den Ort überragt. Im Jahre 1672 wurde das Schloss von französischen Truppen in Brand gesteckt und danach nie wieder aufgebaut.

> **Korkenzieher Museum** Das Museum in der Burkheimer Altstadt ist Deutschlands erstes Museum dieser Art (ähnliche Sammlungen gibt es aber auch in der Schweiz oder in Frankreich). Der Betreiber, Bernhard Maurer, ist ein leidenschaftlicher Sammler von „Flaschenöffnern": „Seit über 350 Jahren werden Flaschen mit Korken verschlossen. Und genau seit dieser Zeit macht man sich Gedanken darüber, wie man sie elegant und zuverlässig wieder aus den Flaschenhälsen heraus bekommt." Die Vielfalt der Korkenziehermodelle beeindruckt ihn besonders, über 100 Patente gibt es weltweit. Mittlerweile besitzt Maurer über 1500 verschiedene Korkenzieher. Einen Teil seiner Sammlung stellt er seit 2003 in seinem Privathaus in Burkheim aus, dem „Korkenzieher Museum Kaiserstuhl". Maurers Exponate reichen von Raritäten aus dem 18. Jahrhundert bis zu modernen Designerstücken.
>
> **Korkenzieher Museum Kaiserstuhl**
> Mittelstadt 18
> 79235 Vogtsburg-Burkheim
> Öffnungszeiten (März–Dez)
> Mi–So 11–18 Uhr
> ☎ 0 76 62 / 18 94
> www.korkenzieher.de

Am Ortsrand von Burkheim geht es links ab in die Rheinstraße und geradeaus weiter bis zum **Badesee**, der ab hier bereits ausgeschildert ist. Er liegt versteckt im Rheinwald, mitten in einem Naturschutzgebiet. Am Ufer spenden alte Kastanien Schatten, das Wasser ist schön kühl. Leider hat sich das herumgesprochen, und an manchen Tagen ist viel los.

Da Zelten verboten ist, machen wir uns nach ein paar Stunden Glück am See wieder auf den Rückweg mit den Drahteseln. Bis zum Rhein sind es nur ein

Der Rheinwald bei Burkheim steht unter Naturschutz und ist besonders sehenswert

paar Meter. Am Ende der Uferstraße ist ein schmaler Steg zu überqueren, dahinter landet man auf dem Rheinradweg: 8 km sind es von hier bis nach Breisach, immer geradeaus am Rhein entlang – was auf die Dauer etwas ermüdend ist, denn der gebändigte und begradigte Fluß bietet wirklich keinerlei Abwechslung. Breisach hingegen ist durchaus sehenswert: In der historischen Stadtmitte wartet der **Münsterberg** mit seiner alten Kirche darauf, bestiegen zu werden (siehe auch Tour 8).

Wer in Breisach nicht in den Zug steigt und so den Weg nach Freiburg abkürzt, nimmt den Rheinradweg. Nach etwa 7 km flussaufwärts verlässt man Rhein und Rheinradweg nach links auf eine selten befahrene Asphaltstraße (K 4933), die einmal quer durch den Rheinwald führt. Am Kieswerk geht es rechts ab auf den Radweg R 2 bis nach Grezhausen und geradeaus durch den Hauser Weg weiter nach Hausen an der Möhlin. Dort fährt man links Richtung Tuniberg und Munzingen auf dem Radweg entlang der Landstraße.

Ab Munzingen ist es einfach: Freiburg ist ausgeschildert, hinter dem Tunibergort führt der Radweg durch wenig aufregende, aber hübsche Felder in einem großen Bogen um Tiengen herum zur B 31. Dort rechts, dann über die A 5. Direkt hinter der Autobahnbrücke zweigt der Vogteiwaldweg nach links ab in den schattigen Mooswald, ein schöner Waldweg fernab vom Verkehr, der bis zum asphaltierten Schlattweg führt. Dort geht es nach links zum **Schlatthof**, einer Straußwirtschaft mit badischen Weinen, Hausmannskost und einem kleinen Spielplatz neben der Pferdekoppel. Die Innenstadt ist ab hier ausgeschildert. Aber jetzt eine Apfelschorle ist auch keine schlechte Idee.

10 Auf und um den Kaiserstuhl auf einem der schönsten Radwege Deutschlands

Streckenverlauf	Freiburg – Waltershofen – Merdingen (Variante 1: Gottenheim – Wasenweiler) – Ihringen – Bickensohl – Oberrotweil – Bischoffingen – Kiechlinsbergen (Variante 2: Ihringen – Achkarren – Niederrotweil – Burkheim – Leiselheim) – Königschaffhausen – Endingen – Riegel – Bahlingen – Eichstetten – Bötzingen – Gottenheim – Umkirch – Freiburg
Schwierigkeitsgrad	mittelschwer, bergig bzw. leicht, flach (Variante 2)
Länge	71,2 km bzw. 78,5 km (5 Stunden)
Höhenunterschied	500 m bzw. 320 m

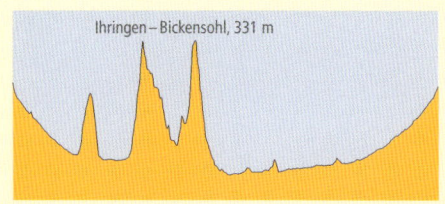

Ihringen – Bickensohl, 331 m

Einkehren	Mundenhof (☎ 07 61 / 89 42 19), Ihringen: Holzöfele (☎ 0 76 68 / 2 07, www.holzoefele.de), Achkarren: Straußwirtschaft Michel (☎ 0 76 62 / 4 29), Endingen: Merkle's Rebstock (☎ 0 76 42 / 79 00, www.merkles-rebstock.de), Bahlingen: Rebstock (☎ 0 76 63 / 23 57), Bötzingen: Bierhäusle (☎ 0 76 63 / 51 52)
Sehenswürdigkeiten	Niederrotweil: Kirche St. Michael (geschnitzter Holzaltar), Burkheim: Altstadt, Endingen: Käsereimuseum, Riegel: Römermuseum, Eichstetten: Samengarten

Rebterrassen prägen das Landschaftsbild am Kaiserstuhl

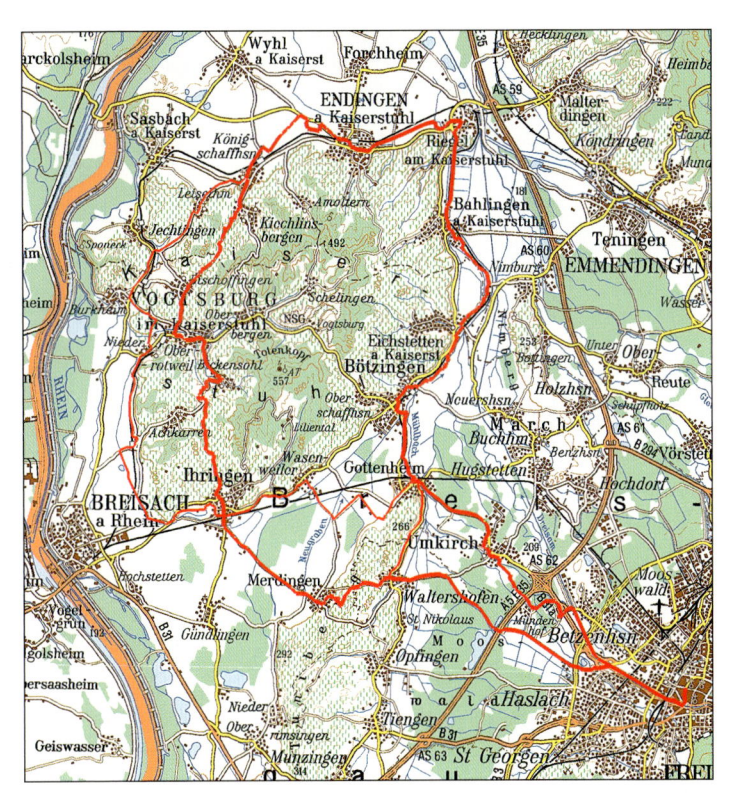

Der Radweg rund um den Kaiserstuhl gilt als einer der schönsten in Deutschland. Rund um das vor Millionen von Jahren entstandene kleine Vulkangebirge gibt es jede Menge geologische und botanische Besonderheiten, die man auch gut per Rad entdecken kann. Besonders schwer ist der Rundweg auch nicht zu bewältigen: Wer die Strecke rund um den Kaiserstuhl nicht sportlich in einem Rutsch nimmt, findet für einen Zwischenstopp immer irgendeine nette Straußwirtschaft, eine schöne Wiese zwischen den Weinreben oder eine gemütliche Holzbank mit schöner Aussicht.

Die Route ist exzellent ausgeschildert, notfalls findet man den richtigen Weg auch ohne Karte. Und die meiste Zeit hat man seine Ruhe vor dem Straßenverkehr, weil die Strecke größtenteils über schmale, asphaltierte Wirtschaftswege führt. Dafür ist sie recht lang: der flache Rundkurs immerhin gut 78 km, die bergige Variante, die außerdem über den Nordzipfel des Tunibergs führt, gut 70 km. Wem die Rundkurse zu lang sind, der kann unterwegs abkürzen und in den Zug steigen. Die meisten Ortschaften am Kaiserstuhl haben Bahnanschluss.

Der beste Weg aus der Innenstadt ist der Dreisamuferradweg. Wir verlassen ihn aber an der Berliner Brücke Richtung Rieselfeld und folgen dem ausgeschilderten Radweg. Die Strecke führt am nördlichen Rand des Rieselfelds und am Mundenhof vorbei nach Waltershofen auf einem gut befahrbaren Waldweg und einem kurzen Stück Landstraße. In Waltershofen weist das grüne Radsymbol den Weg nach Merdingen – zuerst geht es rechts in die Umkircher Straße und gleich links in den Benleweg.

Rebhänge bei der Vituskapelle zwischen Wasenweiler und Ihringen

Für die Freunde flacher Strecken empfiehlt sich jetzt, die Gottenheimer Straße nach rechts zu nehmen. Immer am Fuß des Tunibergs geht es bis Gottenheim und von dort weiter über Wasenweiler nach **Ihringen**, unser erstes Etappenziel. Ein typisches Winzerdorf, etwas verwinkelt und idyllisch. Außerdem der angeblich wärmste Ort Deutschlands. Das milde Wetter schafft am Kaiserstuhl nicht nur Lebensraum für eine vielfältige Pflanzen- und Tierwelt, es macht ihn auch zu einem sehr beliebten Radrevier – gerade im Frühjahr, wenn im Schwarzwald noch Schnee liegt.

Wer weite Ausblicke schätzt und Anstiege nicht scheut, wählt von Waltershofen aus eine andere Strecke nach Ihringen: bis zu dem kleinen Kreisverkehr am Ortsausgang fahren und die zweite Abfahrt nehmen. Zwischen den Reben tauchen dann auch wieder Radwegschilder auf, die den Weg nach Ihringen weisen.

In Ihringen fährt man gleich nach der Ortseinfahrt rechts in die Gündlinger Straße Richtung Sasbach. Dann wieder rechts in die Achkarrenstraße, schon wird es steil. Weinbergterassen prägen das Bild, Serpentinen und aufregend enge Hohlwege. Von dem giftigen Anstieg sollte man sich nicht entmutigen lassen – eine wunderbare Aussicht auf die Vogesen winkt als Belohnung, außerdem eine kurvenreiche Abfahrt durch Bickensohl nach Oberrotweil und Bischoffingen. Dort führt die ausgeschilderte Radstrecke Richtung Kiechlinsbergen: Ein kurzer Anstieg noch, ein letztes Mal steil bergab. Geschafft. In Kiechlinsbergen fahren wir links in die Winterstraße (Richtung Königsschaffhausen, Endingen und Riegel) und geradeaus weiter auf dem Königschaffhausener Weg. Jetzt bleibt die Strecke durchgehend flach.

Die gänzlich steigungsfreie Strecke zwischen Ihringen und Königschaffhausen verläuft so: In Ihringen den Schildern nach Achkarren folgen, weiterfahren bis Niederrotweil, Burkheim touchieren und Leiselheim durchqueren. In Königschaffhausen treffen beide Streckenvarianten wieder zusammen. Im Ort selbst erschließen sich die Radwegschilder dummerweise nicht auf den

Die Altstadt von Endingen ist ein beliebter Rastplatz für Radler

ersten Blick, also einfach durch den Ort fahren. Etwa 200 m hinter dem Ortsschild geht es dann links über die Bahnstrecke auf den Radweg Richtung Endingen, der kreuz und quer durch Felder und Obstplantagen führt.

Endingen beeindruckt zuallererst mit seinem rumpligen Kopfsteinpflaster, allerdings wird man dafür hinter dem Stadttor mit einer ganz hübschen historischen Altstadt und dem sehenswerten Käsereimuseum entschädigt.

> **Käsereimuseum Endingen** Beim Käsemachen wie in alten Zeiten zusehen? Im Käsereimuseum in Endingen ist das möglich, denn es befindet sich in der ehemaligen Käserei Risch. Dort ist eine „Alemannische Käseküche" aufgebaut, in der noch vorhandene Geräte der alten Käserei gezeigt werden. Außerdem gibt es Exponate aus dem 19. bis Mitte des 20. Jahrhunderts zu sehen. Die Besucher können sich so in die Abläufe der handwerklichen Käseherstellung unserer Vorfahren zurückversetzen. Jeden Dienstag gibt es sogar Führungen mit Käseprobe und Wein, für die allerdings eine Anmeldung erforderlich ist.
>
> **Käsereimuseum Endingen**
> Rempartstraße 7
> 79346 Endingen
> Info: Kaiserstühler Verkehrsbüro
> ☏ 0 76 42 / 68 99 90
> www.endingen.de
>
> Öffnungszeiten:
> Ostern bis November,
> erster und dritter So im Monat
> 14–17 Uhr, Führungen
> (Anmeldung erforderlich) Di 18 Uhr

Am Kreisverkehr nehmen wir dann die zweite Abfahrt und folgen den Schildern Richtung Riegel.

Römermuseum Riegel Riegel hat eine für einen solch kleinen Ort eindrucksvolle römische Vergangenheit, deren Überreste heute in einem Museum besichtigt werden können. Ausgrabungen brachten zu Tage, dass die Ursprünge Riegels wohl auf militärische Lager der Römer zurückgehen. Bei den Grabungen wurde aber auch entdeckt, dass das römische Riegel ein Forum und eine Basilika besaß. Dies könnte darauf hinweisen, dass Riegel eine Stadt mit überregionaler Bedeutung war.

Römermuseum Riegel
Hauptstraße 12
79359 Riegel am Kaiserstuhl
Info: Gemeindeverwaltung Riegel
☎ 0 76 42 / 9 04 40
www.gemeinde-riegel.de/tourismus/archmuseum
Öffnungszeiten: So 11–17 Uhr

Nichts gegen Riegel, zu sehen gibt es hier einiges. Aber weil hier immer noch 28 km vor uns liegen: auf nach Bahlingen! Und zwar zuerst auf dem Radweg neben der Landstraße 116, dann weiter auf einem ausgeschilderten Asphaltweg durch die Felder an der Flanke des Kaiserstuhls entlang. In Bahlingen vertraut man besser den genauen Radwegschildern Richtung Eichstetten als einer verschwurbelten Tourenbeschreibung, bei der vor lauter rechts, links, rechts, rechts und wieder links ohnehin keiner mehr durchblicken würde.

Samengarten Eichstetten Die Stiftung Kaiserstühler Garten sieht sich selbst als „eine regionale Antwort auf die globale Privatisierung des Saatguts und auf das Verschwinden genetischer Vielfalt". Der Samengarten Eichstetten, den die Stiftung betreibt, zeigt nicht nur selten gewordene Pflanzen, Heilkräuter, Blumen und Gemüsesorten vom Kaiserstuhl und aus dem Schwarzwald. Man kann so manche rare Nutzpflanze bei Rundgängen auch probieren, etwa aromatische Tomatensorten. Das Anliegen der Stiftung ist auch, die Mannigfaltigkeit der Kulturpflanzen in der Region zu erhalten und vitales Saatgut, auch von heute gefährdeten Sorten, an künftige Generationen weiterzugeben.

Samengarten Eichstetten
Altweg 129
79356 Eichstetten
☎ 0 76 63 / 45 73
www.kaiserstuehler-garten.de
Öffnungszeiten: jederzeit zugänglich

Nach Eichstetten steht Bötzingen auf dem Plan, immerhin die älteste Weinbau treibende Gemeinde am Kaiserstuhl. Auch Gottenheim und Umkirch sind gewiss immer eine Reise wert. Aber so ein Tagesausflug muss ja nicht ewig dauern, deshalb machen wir es kurz: Nach Gottenheim den Radweg an der L 115 nehmen, der weiter bis nach Umkirch führt. Auf der Hauptstraße in Umkirch, geht es rechts in die Waltershofener Straße und kurz darauf links in den Schlossweg. Der mündet in den Mundenhofer Weg – und jetzt ist alles ganz einfach: Die Strecke zum **Mundenhof** ist ausgeschildert. Bis zur Innenstadt ist es zwar noch ein bisschen weiter, aber der Biergarten des Mundenhofs ist dann doch zu verlockend.

Von Weinberg zu Weinberg: Rennradrunde über Tuniberg, Batzenberg und Schönberg   11

Streckenverlauf	Vauban – St. Georgen – Tiengen – Niederrimsingen – Munzingen – Mengen – Scherzingen – Ebringen – Wittnau – Au – Merzhausen – Freiburg
Schwierigkeitsgrad	kurze und anspruchsvolle Rennradtour, hügelig
Länge	40 km (1½–2 Stunden)
Höhenunterschied	650 m

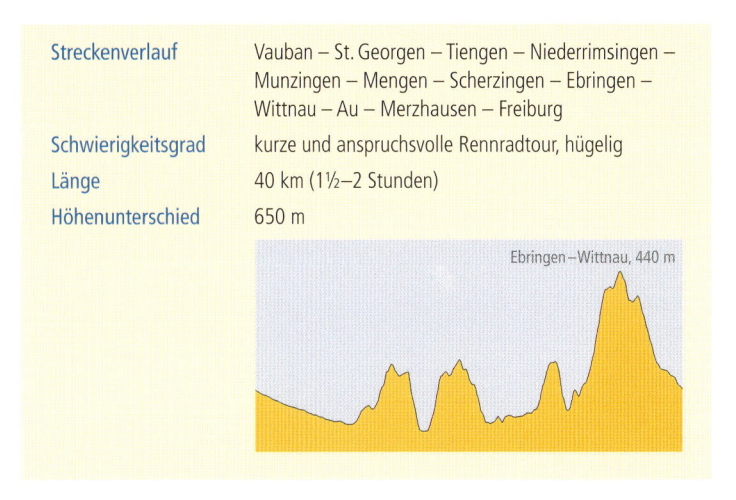

Ebringen–Wittnau, 440 m

Manchmal muss es einfach schnell gehen. Zwischen Küche, Kindern und Arbeit noch eine flotte Rennradtour? Anderthalb, höchstens zwei Stunden? Bitte sehr: Die 40-km-Runde über Tuniberg, Batzenberg und Schönberg hat es nicht nur sportlich in sich, sie ist auch landschaftlich abwechslungsreich und äußerst kurzweilig. Es geht sozusagen von Weinlage zu Weinlage, die Anstiege (insgesamt 600 Höhenmeter) werden dabei immer länger und steiler, die Aussichten immer weiter.

Vom Paula-Modersohn-Platz im Vauban machen wir uns auf den Weg – die flache Strecke durch St. Georgen nach Tiengen nutzen wir zum Einrollen, danach geht es kurz, aber knackig hinauf auf den Tuniberg. Der Weg bis Tiengen ist recht simpel und führt vom Ende der Vaubanallee via Innsbrucker Straße, Lörracher Straße und Andreas-Hofer-Straße bis an den Ortsrand von St. Georgen. Am Friedhof links und dann immer an der Landstraße und der B 31 entlang bis nach Tiengen – gewiss kein schöner Streckenabschnitt, aber ruhiger fährt es sich hier nur auf Waldwegen.

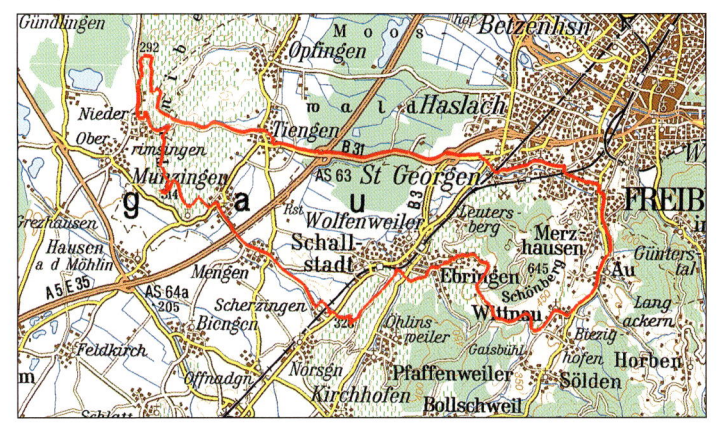

Rennradler am Tuniberg, der wegen seines dichten Netzes von Asphaltwegen ein beliebtes Radrevier ist

In Tiengen biegen wir rechts ab in die Alte Breisacher Straße. Wir folgen ihr einige Kilometer mitten hinein in den Tuniberg, bis wir auf eine Wegkreuzung stoßen, an der eine große Wanderkarte aus Holz steht. Dort einfach geradeaus weiter fahren bis zum **Attilafelsen** – den man einfach nicht übersehen kann, weil sein Name in großen Lettern an einer Steinmauer prangt. Dort fahren wir nach rechts. Und weil Abbiegen so schön ist: Genau 860 m weiter an der nächsten Wegkreuzung biegen wir links ab und sausen auf einem schmalen Sträßchen den Steilhang am Westrand des Tunibergs hinunter.

Am Fuß des Tunibergs führt ein Radweg – wieder nach links – bis zu dem verschlafenen Winzerdorf Niederrimsingen. Dort geht's noch einmal links in die Attilastraße steil bergauf in Richtung Tuniberg-Höhenweg. Und wenn man immer nach links fährt, kommt man irgendwann wieder dort heraus, wo man losgefahren ist. Doch bevor wir die schöne große Wanderkarte erneut erreichen, schwenken wir mitten in den Reben rechts ab und folgen den Radwegschildern in Richtung Munzingen.

Ein schöner Schlenker ist der **Ministerweg**, der nicht nur mit einer tollen Aussicht über die Rheinebene und auf den Schwarzwald aufwartet, sondern auch zum höchsten Punkt des Tunibergs führt, 314 m über Meereshöhe. Dazu folgen wir beim Wanderwegweiser „Panoramaweg" einfach der gelben Raute Richtung „höchster Punkt" anstatt dem ausgeschilderten Radweg, der links bergab führt – das entsprechende Radwegschild zum Ministerweg fehlt an dieser Stelle, ein paar Meter weiter tauchen die kleineren grünen Hinweisschilder wieder auf.

In Munzingen geht's zuerst links auf die Sankt-Ehrentrudis-Straße, dann am Schloss Reinach nach rechts in die Romaneistraße, der wir geradeaus durch die Felder folgen bis Mengen und weiter nach Scherzingen. Das ist ein bezaubernder kleiner Ort mit verhutzelten alten Bauernhäusern am Fuße

Lauschig: der Ortskern von Ebringen

des Batzenbergs. Gleich nach den ersten Wohnhäusern biegen wir links ab (dem Schild „Alle Richtungen" hinterher), hinter der Eisenbahnunterführung geht's links auf einen kleinen Wirtschaftsweg und dann über die B 3: der **Batzenberg**!

Geradeaus windet sich ein schön schmaler Wirtschaftsweg in Serpentinen den Rebenhang hinauf, am besten man orientiert sich an dem Funkmast. Oben auf dem Kamm gibt's einen schönen Blick. Am Funkmast geht es links hinunter nach Ebringen. Im Ortskern am Brunnen nehmen wir die Schönbergstraße, die alte Straße Richtung in Wittnau, die kurvenreich und steil den Berg hinaufführt und kaum befahren ist. An der **Berghauser Kapelle** mündet die Schönbergstraße in die Straße nach Wittnau. Und die ist ein richtiger Genuss – sie führt (nach links) durch das **Naturschutzgebiet** rund um den Schönberg, vorbei an Schafherden und Kuhweiden, kleinen Waldstücken und Blumenwiesen. Im Frühjahr betören weiße Kirschblüten die Sinne, im Sommer zirpende Grillen und duftende Blumen. Und zu jeder Jahreszeit beeindruckt die tolle Aussicht auf den Schwarzwald.

Asphaltstraße durch das Naturschutzgebiet am Schönberg

Zurück nach Freiburg geht es von Wittnau durch Au und Merzhausen auf einer schön rasanten Abfahrt. Übrigens: Zwischen Au und Merzhausen führt am Waldrand ein autofreier, asphaltierter Schleichweg entlang (dem Radwegschild folgend), der auch mit dem Rennrad gut befahrbar ist und die Tour abrundet.

12 Einmal durch die Breisgauer Bucht

Streckenverlauf	Freiburg – Mundenhof – Umkirch – March – Denzlingen – Freiburg/Seepark
Schwierigkeitsgrad	leicht
Länge	39,6 km (2½ Stunden)
Höhenunterschied	150 m
Einkehren und Freizeit	Mundenhof (☎ 07 61 / 89 42 19), Denzlingen: Krottenau-Garten (☎ 0 76 66 / 91 24 20, www.krottenau-garten.de), Freiburg/Seepark: Lago
Sehenswürdigkeiten	Mundenhof, Seepark

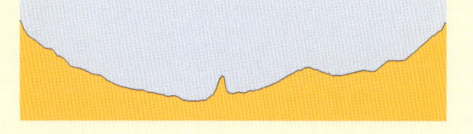

Wo genau beginnt eigentlich die Breisgauer Bucht? Wo endet sie? Eine Suchanfrage im Internet bringt keine Klarheit. Auch ein Anruf beim „Abwasserzweckverband Breisgauer Bucht" hilft nicht weiter, obwohl der Verband immerhin 29 Städte und Gemeinden aus selbiger Bucht vertritt und die Bezeichnung in seinem Namen führt. „Die Breisgauer Bucht gibt es nicht", stellt Wolfgang Werner, Geologiedirektor beim Regierungspräsidium Freiburg, klar. „Zumindest nicht aus geologischer Sicht." Gewiss, es gebe den Breisgau und die Freiburger Bucht. Und die zumindest ist klar begrenzt: im Osten der Schwarzwald und westlich der Kaiserstuhl. Im Norden die Emmendinger Vorberge und im Süden der Schönberg. Die „Breisgauer Bucht" sei hingegen eine bloße Wortneuschöpfung. Zwar benutzen auch etliche andere Einrichtungen, auch öffentliche, den Begriff. Aber nehmen wir den Geologen beim Wort. Und fahren mit dem Fahrrad und der ganzen Familie durch eine Gegend, die es eigentlich nicht gibt. Wie spannend!

Wollten wir allerdings das komplette Gebiet erkunden, wären wir sehr lange unterwegs. Damit es ein netter Familienausflug wird, bei dem auch unsere kleine Tochter auf ihre Kosten kommt, haben wir eine fast durchweg flache Tagestour ausgesucht, die aber mit einer Gesamtlänge von etwa 40 km durchaus anspruchsvoll ist.

Weite Landschaften: auf der Radtour durch die Breisgauer Bucht gibt es nur wenig Verkehr

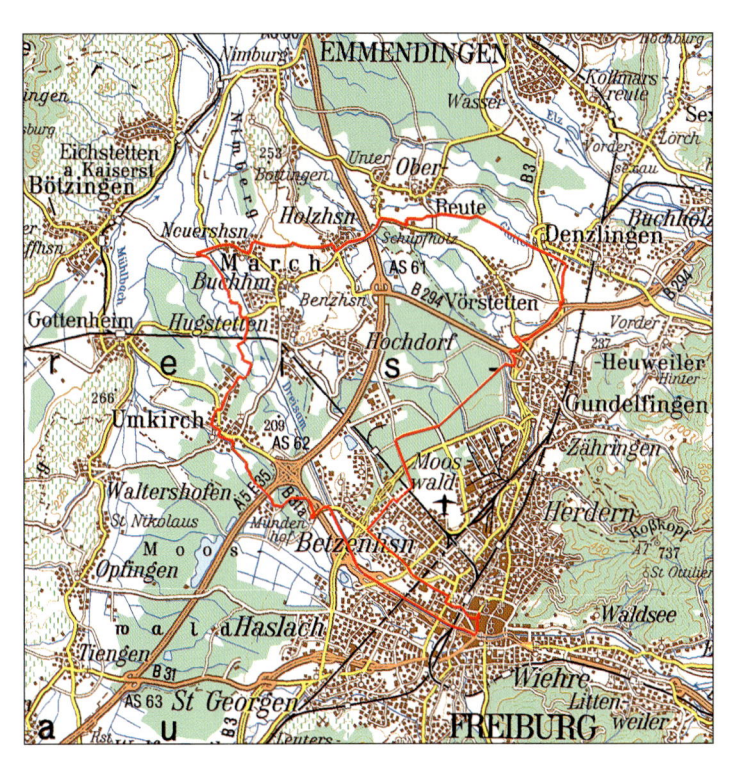

Von Freiburg führt die Strecke via Mundenhof und Umkirch nach March und Denzlingen. Durch schattige Wäldchen und Wälder, durch windiges freies Feld, entlang der Dreisam und kleinen Bächen, aber auch mal durch ein nicht ganz so idyllisches Gewerbegebiet. Abwechslung für die Kleinsten bietet der Mundenhof mit seinem einzigartigen Tiergehege. Und kurz vor Schluss sorgt in Denzlingen eine Baumschule mit angeschlossenem Gartenlokal und Kinderspielplatz für Entspannung. Weil die Kinder die meiste Zeit auf dem Spielplatz herumturnen, der von den Tischen gut einsehbar und weit entfernt vom Autoverkehr ist. Weil das Essen hervorragend ist. Und weil die Besitzer wissen, wie man Außenanlagen schön gestaltet: Hierher kann man auch Oma guten Gewissens mitnehmen.

Die erste Etappe führt von Freiburg zum Mundenhof. Die leichteste Variante ist die über den Radweg an der Dreisam, den wir vom Platz der Synagoge aus am einfachsten an der Kronenbrücke erreichen und auf der Höhe von Lehen nach links in die Breisgauer Straße wieder verlassen. 400 m weiter biegen wir rechts ab in den Hardackerweg und erreichen den **Mundenhof** nach 2 km in einem großen Bogen aus nördlicher Richtung. Freiburgs grandioses Tiergehege bietet neben Spiel und Gastronomie auch viel Anschauliches und Wissenswertes über Poitou-Esel, ungarische Zackelschafe oder südamerikanische Alpakas und kostet noch nicht einmal Eintritt. Der Mundenhof ist dafür an Wochenenden ziemlich überlaufen.

Ruhiger wird es gleich hinter dem Mundenhof, den wir auf dem Radweg Richtung Umkirch verlassen. Vor Umkirch erhaschen wir einen schönen Blick auf den Kaiserstuhl, im Ort selbst ist es nicht ganz so hübsch. Der Name

Umkirch lautete einst Untkilicha, was auf Latein „Ecclesia in Undis" (Kirche in den Wellen) heißt, vermutlich, weil die Kirche einst auf einer Insel zwischen zwei Bächen stand. Wir erreichen den Ortskern via Schlossweg und Waltershofener Straße und folgen dem grünen Schild durch die Hauptstraße und den Dachswanger Weg zuerst Richtung Bötzingen und schließlich Richtung March-Hugstetten.

Dummerweise ist die einzige wirkliche Sehenswürdigkeit des Ortes nicht für die Öffentlichkeit zugänglich: Das Gartenkulturdenkmal **Fulwell-Park**, auch Queen Auguste Viktoria Park genannt, braucht nämlich in seiner Wachstumsphase Schutz und Ruhe. Besichtigungen sind daher „nur in begründeten Ausnahmefällen" möglich. Umkirch hält uns nicht weiter auf. Doch leider führt der Radweg mitten durch ein weniger attraktives Neubauviertel und am Ende auch noch durch das Gewerbegebiet „Am Gansacker", das zwar Umkirchs ganzer Stolz ist, aber seit neuestem auch mit einem stark angewachsenen Verkehrsaufkommen aufwartet, seit die neu eröffnete B 31 West in Umkirch endet.

Doch das Darben lohnt (und ein bisschen Verkehrserziehung schadet auch nicht), nach gut 1 km ist der Autospuk wieder vorbei. Ecclesia in Undis lassen wir hinter uns (immer Richtung March-Neuershausen). Statt Verkehr nun viel Grün und asphaltierte Wege, die uns nach gut 2 km zu einem schönen, schattigen Grillplatz am Waldrand bringen. Mit seiner großen Wiese ist er wie gemacht für eine bequeme Rast.

Eine schöne Gelegenheit zum Rasten bietet auch das Ufer der Dreisam am Rand des Radwegs kurz vor March-Neuershausen. Nach dem Dreisam-Intermezzo bringt uns die Eichstetter Straße rechts nach Neuershausen. Dort folgen wir zuerst den Schildern in Richtung March-Buchheim. Von der Hauptstraße biegen wir elegant links ab in die Rathausstraße, rechts geht es in den Kapellenweg, jetzt den Schildern in Richtung March-Holzhausen nach. Hier wird die Landschaft etwas hügeliger, ein strammer Wind weht, aber die Gegend ist abwechslungsreich mit schönen Aussichten auf den Kaiserstuhl und den Schwarzwald. Da stört es auch nicht, dass die Strecke ein paar Kilometer auf normaler Straße verläuft – Autos fahren hier ohnehin nur wenige.

Ideale Rast für Familien: Krottenau-Garten in Denzlingen

Wir radeln durch das hutzelige Holzhausen, überqueren einmal die A 5 (leider 2 km auf mäßig befahrener Straße) und erreichen Schupfholz, wo wir in den zweiten Weg links abbiegen. Ab hier geht es etwa 6 km immer geradeaus durch die Felder und ein Stückchen Wald Richtung Denzlingen – wo schon der **Krottenau-Garten** auf uns wartet. Der Spielplatz der Strauße hält, was er verspricht. Die Kinder sind schon weg, bevor die Räder angeschlossen sind. Hauptattraktionen: der knallrot lackierte Oldtimer-Traktor und die Ziegen auf der Wiese nebenan.

Von Denzlingen gibt es viele Wege nach Freiburg. Der einfachste: immer den Schildern nach. Wir fahren zunächst nach Denzlingen hinein durch die Markgrafenstraße und biegen dann rechts ab ins Schergässle. Und jetzt wird es ein bisschen kompliziert: Die B 3 unterqueren wir nach rechts in Richtung Vörstetten, fahren direkt danach links ein kleines Stück an der B 294 entlang. Weil der schönste Rückweg durch den Mooswald führt, ignorieren wir zunächst die Schilder in Richtung Freiburg und folgen stattdessen dem Breisgau-Radwanderweg (Br) nach Landwasser. Der Weg ist leicht abschüssig und führt gut 4 km durch den Mooswald. Mitten im Wald verlassen wir den Breisgau-Radwanderweg und biegen links ab in Richtung Innenstadt/Mooswald. Wir erreichen unser Ziel, den Seepark. Und der liegt natürlich mitten in der Breisgauer-Bucht.

Seepark Das Prädikat der grünen Wohlfühlstadt hat sich Freiburg nicht zuletzt durch seine vielen Grünflächen erworben. 500 ha davon reichen von der Peripherie bis ins Herz der Stadt. Eine dieser Flächen ist der Seepark am nordwestlichen Stadtrand. Der ehemalige Baggersee wurde 1986 zum Schauplatz der Landesgartenschau in Freiburg. Seitdem gilt das 35 000 m² große Areal als eines der beliebtesten Naherholungsgebiete der Gegend. Wanderwege mit einer Gesamtlänge von 9 km durchziehen das Gelände rund um den See.

Daneben bietet der Seepark viele weitere Freizeitmöglichkeiten, etwa den Aussichtsturm, den Abenteuerspielplatz, den Japanischen Garten oder die Seebühne, auf der regelmäßig Konzerte stattfinden. Einmal im Jahr, am ersten Wochenende der Sommerferien, steigt das Seenachtsfest. Rund um den See feiern dann bis zu 50 000 Menschen ein rauschendes Fest. Einen schönen Biergarten bietet das **Restaurant Lago** im Bürgerhaus Seepark.

Solide Informationen zu Ökologie und nachhaltiger Entwicklung bietet hingegen die **Ökostation Freiburg**. Das Umweltbildungszentrum ist in einem ökologischen Modellhaus mit ungewöhnlicher Architektur untergebracht, ein naturnahes Gelände mit Bio- und Kräutergarten lädt zur Besichtigung ein. Die Ökostation führt öffentliche Veranstaltungsreihen, Seminare und Workshops durch und entwickelt innovative und attraktive Projekte zur Umweltbildung und nachhaltigen Entwicklung. Die erste Ökostation wurde 1986 zur Landesgartenschau erbaut. Doch das Gebäude mit Holzkuppel, Gründach, Solaranlage und Naturgarten wurde im Februar 1987 durch einen Brand vollständig zerstört. Im Sommer 1991 konnte die Ökostation wieder eröffnet werden.

Ökostation
Falkenbergstr. 21 b
☎ 0761/89 23 33
Di–Fr und einen So im Monat 9–17 Uhr

Lago
Bürgerhaus Seepark
☎ 0761/80 63 55
www.lago.de

13 Ein Radritt ins Mittelalter: zur Hochburg nach Emmendingen

Streckenverlauf	Freiburg – Denzlingen – Sexau – Emmendingen – Vörstetten – Gundelfingen – Freiburg
Schwierigkeitsgrad	leicht, meist flache Strecke, kurzer Anstieg
Länge	39 km (3 Stunden)
Höhenunterschied	235 m
	Hochburg, 322 m
Einkehren und Freizeit	Denzlingen: Krottenau-Garten (☎ 0 76 66 / 91 24 20, www.krottenau-garten.de), Sexau: Abenteuerspielplatz am Hornberg
Mit der Bahn	Fahrradmitnahme in der Bahn ab Emmendingen möglich, kostenpflichtig

In Südbaden gibt es etliche Burgruinen, doch die Hochburg bei Emmendingen ist wohl die beeindruckendste Anlage aus der alten Zeit – einer Zeit, in der natürlich alles besser war, wie Mittelalter-Romantiker gerne behaupten. Als stolze Ritter Fehdehandschuhe warfen und Minnesänger holde Burgfräuleins besungen haben. Oder war es doch eher eine Zeit, in der die engen Gassen und Burghöfe wie Kloaken stanken, die Menschen kaum 30 Jahre alt wurden und brutale Landsknechte die leibeigenen Bauern terrorisierten?

Gleichwohl. Wenn Mittelalter-Spektakel auf der Hochburg in Emmendingen angesagt ist, dann riecht es allenthalben nach Gebäck und Bratwurst, und wer Kinder hat, sollte sich das bunte Treiben keinesfalls entgehen lassen, wo Spielleute musizieren und moderne Rittersleut' Schaukämpfe austragen. Was liegt da näher, als gleich in Freiburg den Helm aufzuziehen, das

Mittelalter-Spektakel auf der Hochburg – mit Schaukampf und Bratwurst

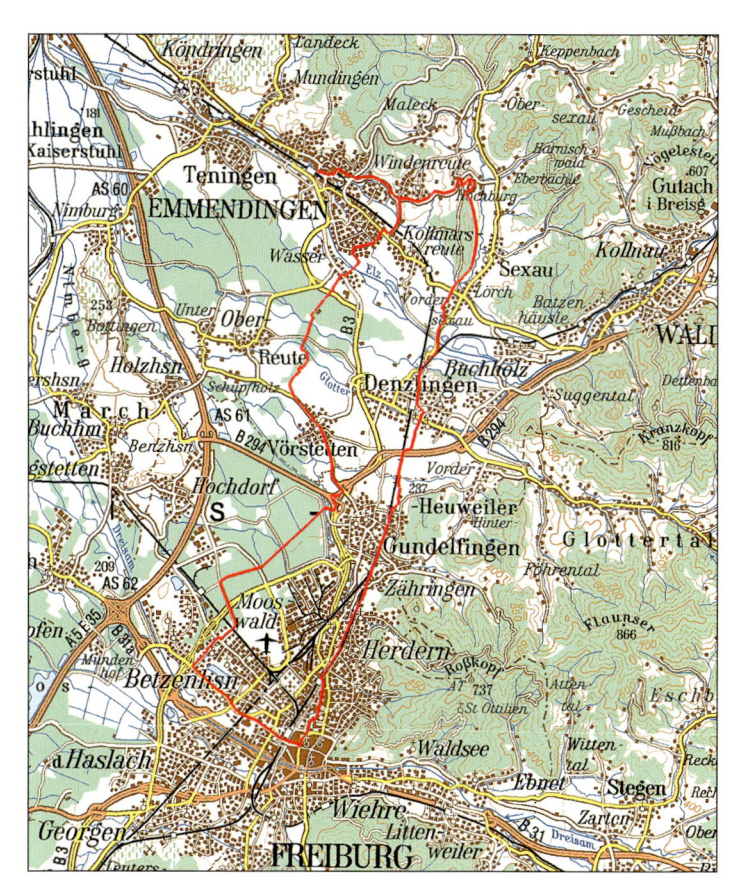

Schlachtross zu besteigen und einen wilden Galopp auf zwei Rädern zur Hochburg zu wagen – frühmorgens natürlich, damit von der Bratwurst noch etwas übrig ist.

Zum Glück wurde in Freiburg im Jahr 2008 die Radwegbeschilderung komplett erneuert. Jetzt führen die grünen Schilder nicht mehr ins Nirgendwo, sondern meist wirklich zum Ziel. Vom Platz der Alten Synagoge fährt man am besten durchs Institutsviertel. Ab hier ist die Radroute nach Denzlingen und Zähringen praktischerweise ausgeschildert, führt allerdings ein gutes Wegstück entlang der normalen Straße. Hier sollte man die wilden Rösser noch etwas zügeln. Ab der Händelstraße geht es dann immer am Bahndamm entlang aus der Stadt hinaus – jetzt im Galopp bis nach Denzlingen. Dort geht es geradeaus durch den Ort in Richtung Emmendingen, immer den Schildern nach. Am Kreisverkehr hinter dem Bahnhof geht es dann rechts ab in die Bahnhofstraße auf den Weg nach Sexau. Oberhalb von Sexau liegt die Hochburg, immerhin die zweitgrößte Burganlage in Baden.

In Sexau folgt man am besten dem Radweg kurz hinter dem Ortseingang nach links (Im Grün) und fährt dann am Ortsrand entlang durch den Vordersexauer Weg bis zum Wanderparkplatz „Sexau Horneck" an der Südspitze des Hornwalds – einem 357 m hohen Buckel, an dessen nördlichem Ende die **Hochburg** majestätisch über der Ebene thront. 100 m hinter dem

Verfall mit Charme: Hochburg bei Emmendingen

Wanderparkplatz ist ein großer Abenteuerspielplatz – ein schöner Ort, an dem sich Erwachsene entspannen und Kinder austoben können. Am Fuß des Berges führt ein gut befahrbarer, 2,5 km langer Waldweg bis hinauf zur Burg. Gegen Ende wird der Weg aber sehr steil, das Ross anschieben ist jetzt angesagt.

Der unterste Mauerring ist idyllisch umrahmt von Weinreben, die Aussicht ist grandios, und man sieht von Weitem schon die Feinde im engen bunten Wams nahen, deren kurze, spitze Lanzen mit lauten Geräuschen über den Erdboden schleifen. Die Festungsmauern muss man einmal nach rechts umrunden, um den Haupteingang auf der gegenüberliegenden Seite zu erreichen. Wer jetzt merkt, dass in den ehrwürdigen Mauern überhaupt kein Mittelalter-Spektakel stattfindet, muss nicht gleich zum Schandpfahl laufen, sondern kann alternativ auch das **Museum** auf der Hochburg besuchen. Die Ausstellung im ehemaligen Wein-und Vorratskeller der Burg zeigt Gebrauchsgegenstände früherer Burgbewohner, die bei Freilegungsarbeiten entdeckt worden sind. Hinweise auf die geschichtliche Entwicklung der Burg und ihrer Besitzer ergänzen die archäologisch-geschichtliche Ausstellung. Der alte Keller ist an Sonn- und Feiertagen von 13 bis 17 Uhr geöffnet.

Runter geht es auf der anderen Seite: Zuerst folgen wir den Wanderwegschildern in Richtung Emmendingen bis zur K 5101. Dort fahren wir links bergab durch Windenreute bis Emmendingen. Wer abkürzen mag: Der Weg zum Bahnhof ist ausgeschildert. Ansonsten verlassen wir Emmendingen und fahren in Richtung Kollmarsreute. Nach der Brücke biegen wir jedoch wieder rechts ab und kehren zurück nach Emmendingen. Am Ortseingang geht es erst links in die Wiesenstraße und nach gut 1 km links in den Rosenweg. Über die Elz gelangt man so nach Emmendingen-Wasser. Freiburg ist ab hier gut ausgeschildert. Eine der schönsten Routen führt über den durchgehend asphaltierten Hirtenweg durch ein Stück Wald bis nach Vörstetten und von da aus weiter auf dem Breisgau-Radwanderweg (Br), der sich voll und ganz als familientauglich bewährt hat, durch den schattigen Mooswald in die Innenstadt.

Von Elzach nach Freiburg

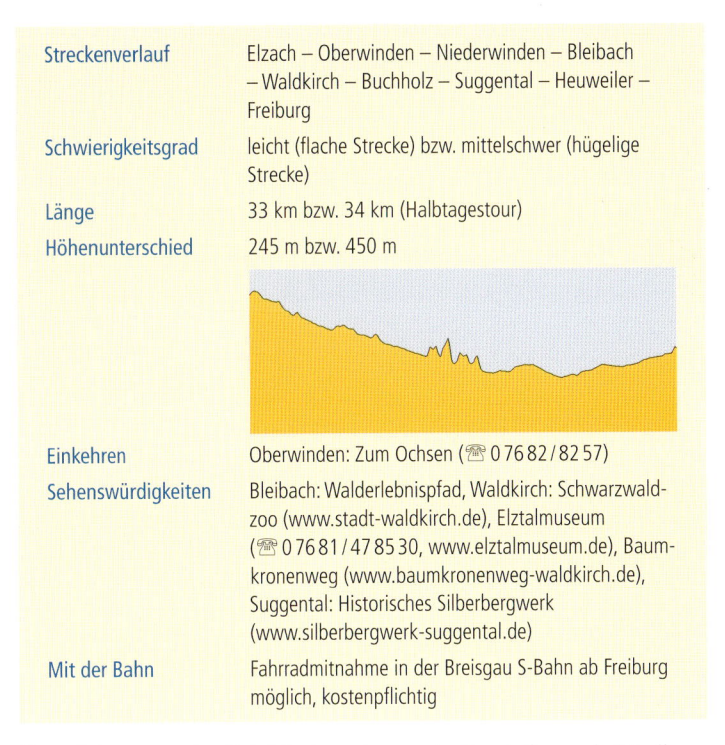

Streckenverlauf	Elzach – Oberwinden – Niederwinden – Bleibach – Waldkirch – Buchholz – Suggental – Heuweiler – Freiburg
Schwierigkeitsgrad	leicht (flache Strecke) bzw. mittelschwer (hügelige Strecke)
Länge	33 km bzw. 34 km (Halbtagestour)
Höhenunterschied	245 m bzw. 450 m
Einkehren	Oberwinden: Zum Ochsen (☎ 07682/8257)
Sehenswürdigkeiten	Bleibach: Walderlebnispfad, Waldkirch: Schwarzwaldzoo (www.stadt-waldkirch.de), Elztalmuseum (☎ 07681/478530, www.elztalmuseum.de), Baumkronenweg (www.baumkronenweg-waldkirch.de), Suggental: Historisches Silberbergwerk (www.silberbergwerk-suggental.de)
Mit der Bahn	Fahrradmitnahme in der Breisgau S-Bahn ab Freiburg möglich, kostenpflichtig

Eigentlich startet der Elztal-Radwanderweg in Gundelfingen bei Freiburg und endet nach 35 km talaufwärts in dem Schwarzwalddorf Prechtal. Wir präsentieren hier zwei Varianten talabwärts, die einen nicht ganz so ins Schwitzen bringen: Die leichtere Streckenvariante führt bis auf ein paar lockere Anstiege zu Beginn immer leicht bergab, sofern man in Kauf nimmt, auch einige Kilometer direkt neben der stark befahrenen B 294 zu rollen. Die verkehrsarme und landschaftlich reizvollere Variante ist zugleich auch

Das Elztal bietet etliche lauschige Rastplätze

Das RadLand

Im ZweiTälerLand nördlich von Freiburg mit den Gemeinden Biederbach, Elzach, Gutach im Breisgau, Simonswald, Waldkirch und Winden im Elztal finden alle Radfahrer ihr Revier.

- 270 km² große Ferienregion zwischen 243 und 1243 m Höhe
- 400 km perfekt ausgeschilderte Radwege, davon 330 km MTB-Wege
- geführte MTB-Touren
- dichtes Netz öffentlicher Verkehrsmittel
- freie Fahrt mit Bus und Bahn für Urlauber
- ausgezeichnete Gastronomie
- 4500 Gästebetten aller Kategorien
- Fahrradpauschalangebote
- Online-Buchungsservice

ZweiTälerLand Tourismus
Im Bahnhof Bleibach
79261 Gutach im Breisgau
Tel.: 0 76 85 / 1 94 33
www.zweitaelerland.de

sportlich etwas anspruchsvoller und schlängelt sich – durchgehend asphaltiert – oberhalb der Bundesstraße an den Berghängen des Elztals entlang, wo das stetige Auf und Ab immerhin für gut 450 Höhenmeter auf der 34-km-Strecke sorgt.

Die Route führt später mitten durch die Orgelstadt Waldkirch mit einigen Sehenswürdigkeiten, und danach geht es auf weitgehend geteerten und flachen Wegen durch Weinberge und Obstplantagen bis nach Freiburg zurück. Die Schlussetappe für Sportliche ist ein Traum in bergauf und bergab: durch Waldgebiete, romantische Schwarzwalddörfer und ruhige Freiburger Vororte. Eine gute Kondition ist dafür Voraussetzung.

Die erste Etappe ist allerdings das reinste Kinderspiel: Mit dem Zug geht es nach Elzach. In der Breisgau S-Bahn darf man Fahrräder mitnehmen, muss allerdings ein eigenes Ticket pro Rad lösen. Am Bahnhof dann aufsatteln und gleich nach rechts die Straße (Am Risslersberg) hochfahren! Keine Sorge, nach 300 m geht es gegenüber den Elza-Werken gleich wieder rechts bergab in die Wittenbachstraße. Der Weg ist ab hier ausgeschildert und bringt uns am Elzacher Sportplatz vorbei bis nach Oberwinden. Die Route führt über einen schön schmalen und einsamen Wirtschaftsweg am Berghang entlang, vorbei an Wiesen, Feldern und Schwarzwaldhäusern. Allerdings kann es in den nächsten Jahren durchaus vorkommen, dass wegen des Baus der Umgehungsstraße der Verkehr von der B 294 zeitweilig über diese Strecke umgeleitet wird.

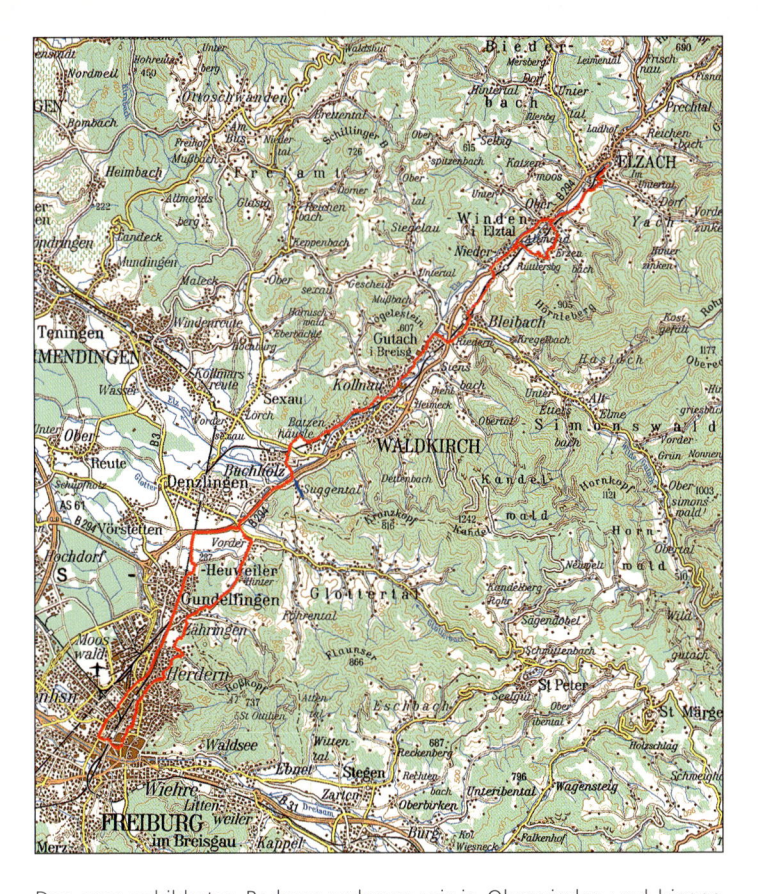

Den ausgeschilderten Radweg verlassen wir in Oberwinden und biegen links ab in die Bahnhofstraße (später Rüttlersbergstraße), die bergauf zum **Elztalhotel** führt – einem Haus gehobener Klasse, das gerne damit wirbt, dass dort öfters prominente Fußballer absteigen, die im Elztal neue Energie tanken wollen (unter anderem gastierte hier die deutsche Fußball-Nationalmannschaft in den Jahren 2002 und 2004). Für Erholungssuchende und Wellnessanhänger ist das Hotel tatsächlich ein guter Tipp, die Preise befinden sich aber ebenfalls auf hohem Niveau. Das dazu gehörende Restaurant bietet eine erstklassige regionale Küche, ist aber ausschließlich den Hotelgästen vorbehalten – schade eigentlich, denn ein kaltes Getränk wäre nach dem heftigen Anstieg genau das richtige. Wer keine Lust auf Berge hat, der kann ab Oberwinden auch dem ausgeschilderten Radweg bis nach Niederwinden folgen, der direkt an der B 294 entlangführt.

Vom Elztalhotel hat man eine tolle Aussicht über das ganze Tal, die Abfahrt nach Niederwinden ist rasant. Unten angekommen, biegen wir links ab auf die Hauptstraße – wir müssen in den sauren Apfel beißen und 1 km auf der stark befahrenen Durchgangsstraße absolvieren. Leider gibt es in diesem Ort keine alternative verkehrsarme Route. Am Ortsausgang geht's entweder links in den Silberwaldweg, der Reichtum verheißt und Radlerglück bringt, immer dem **Elztal-Radwanderweg** nach („Et" auf grünem Grund) bis nach Bleibach. Oder man bleibt wieder neben der Bundesstraße.

Aussicht über Waldkirch von der Ruine der Kastelburg aus

Gleich in Bleibach gibt's die erste Attraktion für Kinder: Der **Walderlebnispfad** ist besonders für die Kleinsten interessant, der Weg dorthin ist ab dem Bahnhof ausgeschildert. Wir folgen dem Et-Schild einige Kilometer bis kurz hinter Waldkirch. Der Radweg führt über eine Fußgängerbrücke. Mal geht es am Fluß entlang, mal durch Wohngebiete, mal durch Waldstücke, später dann durch Felder und Obstwiesen – die Route ist abwechslungsreich. Zur erholsamen Rast und zum Verweilen gibt es unterwegs viele Gelegenheiten, und zahlreiche Spielplätze liegen am Rande der Strecke. In Waldkirch ist das Kultur- und Freizeitangebot ansprechend und hält für jeden etwas bereit.

Waldkirch besitzt seit über 700 Jahren Stadtrecht und gilt als ein Zentrum des mechanischen Musikwerkbaus. Vor 200 Jahren wurden hier die ersten Dreh- und Jahrmarktsorgeln gebaut. Besichtigen kann man diese Geschichte, aber auch Trachten aus dem Elztal sowie bürgerliche und bäuerliche Wohnkultur im Waldkircher **Elztalmuseum**. Eine historische Kulisse, die auch Kinder in Begeisterung versetzt, bietet die Ruine der **Kastelburg**, die auf einem Hügel 100 m oberhalb der Innenstadt von Waldkirch thront und vom Radweg aus gut zu erreichen ist. Kleinere Kinder lockt vor allem ein Besuch im **Schwarzwaldzoo** mit seinen heimischen Tieren und einem Streichelzoo mit futterfixierten Ziegen. Übrigens: Seit Kurzem schlängelt sich in Waldkirch die mit 185 m längste Röhrenrutsche Europas einen Berghang hinunter. Die Röhre ist Teil eines im Jahr 2008 eröffneten **Naturerlebnisparks**, in dem es auch Abenteuerminigolf, einen Bootsverleih und einen Baumkronenweg gibt.

Neue Attraktion: der Baumkronenweg in Waldkirch

Wer die verrückten Ziegen im Schwarzwaldzoo und die Rutsche heil überstanden hat, kommt auf dem Elztal-Radwanderweg via Batzenhäusle raus aus der Stadt. Ein kurzes Stück durch den Wald, dann geht es durch Obstwiesen und Felder bis Buchholz. In der Ortsmitte verlassen wir den Elztal-Radwanderweg und fahren nach rechts in Richtung Suggental. Ein Abstecher in dieses kleine und von Touristen kaum frequentierte Schwarzwaldtal lohnt sich sehr – auch wenn die schmale Straße schnell etwas steiler wird. Etwa 2 km talaufwärts steht ein alter Förderturm mit gekreuzten Hämmern darauf – dem Symbol der Bergleute. Hinter einem Gitter verbirgt sich ein **historisches Silberbergwerk**. Rund 300 Bergleute waren zur Blütezeit des Silberabbaus im Suggental beschäftigt und lebten dicht gedrängt im oberen Teil des Tals. Draußen stehen heute ein paar alte Loren, man kann durch das Gitter in eine enge Felsspalte lugen. Wer keine Platzangst verspürt, kann die Grube auch besichtigen, allerdings muss man sich vorher anmelden. Und wenn Sie es schon einmal bis hierher geschafft haben: Als Rastplatz ist die Wiese vor der alten Grube bestens geeignet.

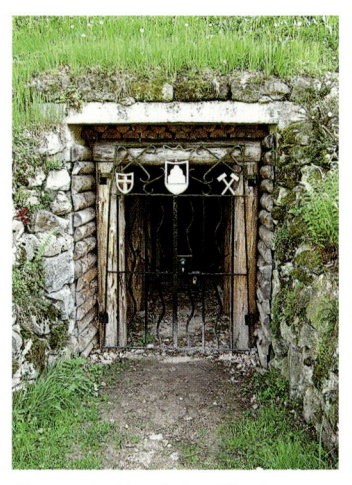

Eingang des historischen Silberbergwerks in Suggental

Der Weg zurück nach Freiburg ist leicht – einfach auf dem ausgeschilderten Radweg unterhalb des Glottertals durch Felder und ein Stück an der B 294 entlang bis Gundelfingen pedalieren, wo an heißen Tagen das **Obermattenbad** Erfrischung verheißt. Immer dem Radweg entlang der Bahnlinie folgend, rollen wir schließlich in die Freiburger Innenstadt ein.

Eine deutlich schönere, aber auch deutlich anstrengendere Schlussetappe führt ab Suggental zunächst Richtung Glottertal und Heuweiler. In Heuweiler nehmen wir die Dorfstraße (Sackgasse für Autos) und fahren auf ruhiger, schmaler Straße durch eine wunderschöne bergige Landschaft, vorbei an alten Bauernhäusern, Obstwiesen und Viehweiden. Ein 500 m langes und steiles Stück Schotterweg könnte den ein oder anderen aus dem Sattel zwingen, doch oben wartet eine schöne Aussicht auf Freiburg. Links fahren wir den Lehenweg bergab nach Wildtal, bis wir auf die Talstraße stoßen. Ein gelbes Hinweisschild zeigt den richtigen Weg nach Freiburg. Bei nächster Gelegenheit biegen wir links ab und folgen dem Breisgauer Weinweg hinauf in den Wald – ein Wanderweg, der mit Weintrauben auf roter Raute ausgezeichnet ist und uns die nächsten 3 km begleiten wird, bis wir oberhalb von Zähringen an einem versteckt gelegenen **Waldspielplatz** vorbeikommen. Dort gelangen wir rechts auf den Harbuckweg, der uns bis nach Herdern bringt. Wir nehmen hier den Rötebuckweg (nach rechts) und lassen es sogleich den Meisenbergweg (links) bergab rollen. Über die Schubertstraße kommen wir schließlich am Botanischen Garten heraus und schlängeln uns durch das Institutsviertel zurück in die Innenstadt. Und dort gibt's erst einmal ein Eis. Drei Kugeln. Mindestens.

15 Nah am Himmel: auf einsamen Straßen durch Freiamt und das Elztal

Streckenverlauf	Freiburg – Denzlingen – Sexau – Keppenbach – Reichenbach – Siegelau – Kollnau – Waldkirch – Siensbach – Bleibach – Winden – Elzach – Biederbach – Brettental – Mußbach – Allmendsberg – Emmendingen – Freiburg
Schwierigkeitsgrad	anspruchsvolle Rennradtour, gute Kondition erforderlich, bergig
Länge	110 km (5 Stunden) bzw. 60 km (3½ Stunden)
Höhenunterschied	1700 m (870 m)
Einkehren	Freiamt: Zum Gscheid (☎ 07645/335), Denzlingen: delcanto (☎ 07666/881020, www.delcanto.de)
Mit der Bahn	Fahrradmitnahme in der Bahn ab Elzach oder Emmendingen möglich, kostenpflichtig

Biederbach–Brettental, 719 m

„Tal der freien Leute" nannte man im 14. Jahrhundert das Gebiet des heutigen Freiamt. Das klingt heute noch verheißungsvoll, obwohl der damalige Freiheitsbegriff gewiss nur wenig mit dem heutigen zu tun hat. Aber auf zwei Rädern darf man auch ganz unhistorisch in Freiheitsgefühlen schwelgen, vor allem wenn man durch eine derart schöne Gegend fährt. Die Gemeinde Freiamt erstreckt sich über eine Fläche von 52 km²: Sanft bewaldete Hügel wechseln sich harmonisch mit grünen Wiesen ab. Kleine Bäche durchziehen die Täler. Und wurde nicht der Ortsteil Ottoschwanden wegen seiner idyllischen Hochlage bereits vor 200 Jahren von dem Dichter Johann Peter Hebel als „ein Dörflein nahe am Himmel" beschrieben?

Noch ein Plätzchen frei: Rastplatz in Freiamt

delcanto restaurant mediterran genießen
delcanto catering rundum verwöhnt
delcanto services perfekt geplant

**delcanto im kultur & bürgerhaus
stuttgarter str. 30, 79211 denzlingen
tel. 07666-881020, www.delcanto.de**

mediterrane & regionale küche
einzigartiges ambiente
hauseigener see und bergblick
am elztal-radwanderweg gelegen
tolle räume (10-700 personen)
für kultur, tagungen & privatfeiern
catering im und außer haus

KULTUR &
BÜRGERHAUS
DENZLINGEN

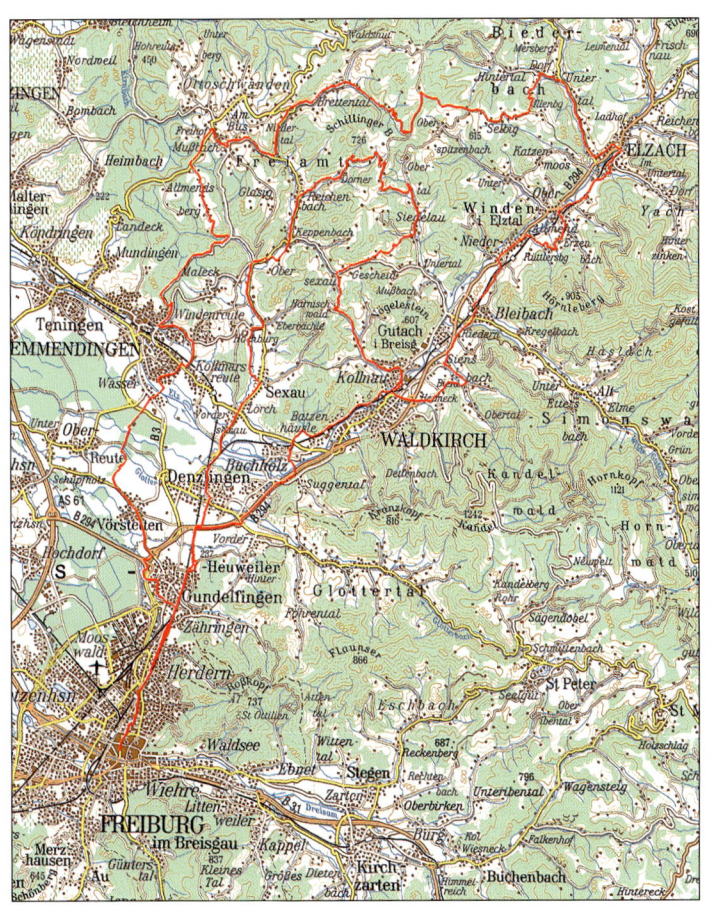

Wer glaubt, Rennradtouren würden keinen Erholungswert bieten wie etwa Mountainbike-Ausflüge, der sollte diese Tour ausprobieren: Die Strecke führt durch ein paar der 62 kleinen Dörfer, einsamen Weiler und abgelegenen Zinken, die zur Gemeinde Freiamt gehören. Viele stattliche Häuser und alte Bauernhöfe liegen am Wegesrand. Das Wichtigste: Bis auf wenige unvermeidbare Lückenergänzungen und Ortsdurchfahrten verläuft die Tour ausschließlich auf schmalen Nebenstraßen und Wirtschaftswegen – die meiste Zeit fernab vom störenden Autoverkehr, auch auf den Streckenabschnitten durch das Elztal. Weil aber die schönsten Straßen auch etwas schwieriger zu finden sind, ist die Beschreibung der 110 km langen Tour manchmal etwas knifflig. Wer aber manch eine verschraubte „links-rechts-geradeaus" Formulierung erfolgreich bewältigt hat, schafft die dazu gehörende Traumstraße ganz gewiss.

Freiburg verlassen wir durchs Institutsviertel, ab hier ist die Radroute nach Denzlingen praktischerweise ausgeschildert. Ab der Händelstraße geht es dann immer am Bahndamm entlang aus der Stadt hinaus bis nach Denzlingen. Denzlingen durchqueren wir geradeaus in Richtung Emmendingen. Am Kreisverkehr hinter dem Bahnhof geht es rechts ab in die Bahnhofstraße auf den Weg nach Sexau – einen Ort mit Geschichte, der erstmals im Jahre 862 erwähnt wird. Seinen Namen verdankt er der ursprünglichen Einteilung der Gemeinde in sechs Auen. Oberhalb von Sexau liegt die **Ruine Hochburg**, immerhin die zweitgrößte Burganlage in Baden (siehe auch Tour 13).

Sexau zieht sich ganz schön in die Länge, und wenn man den Ort bloß auf der Hauptstraße durchquert, erscheint er wenig aufregend. An der Kirche zweigt links das Wassergäßle ab, eine gute Alternative zur Landstraße L 110. Das kleine Sträßchen schlängelt sich unterhalb der Hochburg am Fuße des Hornbergs talaufwärts. An der Holzmühle geht es nach rechts zurück zur L 110 und dort weiter durch das breite und helle Brettenbachtal, zuerst auf einem gut asphaltierten Radweg, später dann auf der Straße, die aber nur mäßig befahren ist. Etwa 400 m hinter der Abzweigung nach Keppenbach führt rechts eine kleine Seitenstraße zu den Vorderen Seilerhöfen, ein schöner Schlenker, der ganz nah an einem alten Schwarzwaldhof vorbeiführt, dessen eindrucksvollstes Gebäude ein eingestürztes Dach trägt.

In Keppenbach folgen wir der Vorfahrtsstraße Richtung Mußbach, hier steigt die Strecke schon merklich an. Im nächsten Ort, Reichenbach, wird's dann richtig steil: Rechts biegt die etwas versteckte Untere Schillingerbergstraße ab, die aber nicht nur mit einem ordentlichen Anstieg aufwartet. Es gibt

Steil und schön: einsame Asphaltstraße zum Schillingerberg

dort auch viel zu sehen: Ein paar jener Windräder etwa, die Freiamt als in Energiefragen vorbildliche Gemeinde in ganz Deutschland bekannt gemacht haben, lugen schon über die nahen Bergkämme. Am Straßenrand stehen alte, knorrige Obstbäume, Schwarzwälder Bauerngärten beeindrucken mit ihrer Farbenpracht – und kaum ein Auto stört die Stille! An der nächsten Weggablung weist ein Mountainbikeschild den Weg nach rechts, wir fahren hingegen nach links, ebenso an der nächsten Gablung, wo ein ein kleines handgemachtes Blechschild den Weg zu den **Windrädern** weist. Oben auf dem Kamm kann man eine wundervolle Aussicht auf den Kandel genießen – deshalb sollte man die Tour auch nicht bei Nebel fahren, das wäre einfach verschenkt.

Dann geht es nach rechts und steil bergab bis Siegelau – wo ein weiteres verstecktes Sträßchen darauf wartet, von Rennradlern entdeckt zu werden. Viele verirren sich nicht hierher: Hinter der Kirche führt rechts die Gescheidstraße steil bergauf bis zum Gasthaus **„Zum Gscheid"**. Die nun folgende rasante Abfahrt – das Gefälle beträgt immerhin gut 18 Prozent – endet für uns schon nach 1 km an den Kammerhöfen, wo links eine schmale Straße in Richtung Berggasthof Linde, ansteigt – diesmal 18-prozentig bergauf. Die Steigung endet direkt oberhalb des Berggasthofs und mündet in eine tolle Abfahrt nach Kollnau, entlang dem wilden Kohlenbach, der sich tief ins Tal gegraben hat.

Steil und kurz: Straße zum Lindenhof

Durch Kollnau und Waldkirch muss man sich so durchwursteln bis zur nächsten einsamen Straße. Auf der Kohlenbacher Talstraße geht es geradeaus durch den Ort bis zur Hauptstraße, die dann rechts nach Waldkirch führt. Wer genug hat, kürzt hier ab und fährt von Waldkirch via Suggental und Gundelfingen nach Freiburg zurück und kommt so immer noch auf beachtliche 60 km. Ansonsten folgt man am besten den Schildern Richtung Kandel. Direkt nach der Unterquerung der B 294 zweigt der Eichbühlweg in der Kurve links ab in Richtung Heimeck – hier ist es wieder ruhig. Willkommen im Elztal!

Der Eichbühlweg mäandert an den Ausläufern des Kandelrückens entlang bis hinein nach Siensbach. Dort bieten die Radwegschilder ausreichend Orientierung, denen man sich ruhig bis Niederwinden anvertrauen kann. In Niederwinden selbst muss man in den sauren Apfel beißen und 1 km auf der stark befahrenen Durchgangsstraße absolvieren. Kurz vor dem Ortsausgang geht es rechts in den Reschhofweg, ab hier kann man sich gut an den Hinweisschildern des Elztalhotels orientieren, die den steilen Weg hinauf auf den Rüttlersberg weisen – und auch die schöne Abfahrt nach Oberwinden. Dort geht es wieder auf den Elztal-Radwanderweg, der direkt zum Bahnhof in Elzach führt, wo man bequem in mit Sack, Pack und Rad in die Breisgau S-Bahn nach Freiburg steigen kann.

Oder das lieber lässt. Denn die nächste Bergetappe auf Traumstraßen wartet schon: Wir überqueren die Freiburger Straße geradeaus, biegen am Ortsrand links ab in die Franz-Xaver-Stenzel Straße und an deren Ende rechts in die Biederbacher Straße. Gut 2,5 km muss man auf der L101 zwischen Elzach und Biederbach so manchen Autofahrer tolerieren, der die StVO sehr phantasievoll interpretiert. Doch spätestens in Biederbach-Dorf, wo die Dorfstraße nach links in Richtung Illenberg und Selbig führt, ist wieder Ruhe über und unter den Wipfeln, die auf dem knackigen Anstieg teilweise angenehmen Schatten spenden. Durch ein offenes Hochtal mit vielen Höfen, Viehweiden und einzelnen Wäldchen geht es weiter nach Selbig und zum Bäreneckle. Dort führt der Kreuzmoosweg weiter geradeaus in Richtung Freiamt – und jetzt nicht erschrecken: Kurz vor dem Paulyhof nehmen wir links den Waldweg in Richtung Brettental und zum Hohen Eck. Dessen Belag ist zwar ruppig, aber mit schmalen Rennradpneus dennoch gut befahrbar.

Nach 1,5 km mündet der Weg am **Hohen Eck** auf gut 700 m Höhe auch schon wieder in die asphaltierte Bildsteinstraße, die kurvenreich und schnell nach Brettental hinunterführt. Im Ort geht es links auf die K 5137 bis Freiamt-Sägplatz. Dort weiter nach rechts hinauf nach Mußbach, wieder rechts in Richtung Schuttertal und zum dicken Ende ein kurzes Stück auf der stark befahrenen K 5136 in Richtung Emmendingen. An der Bushaltestelle Allmendsberg mitten im Wald biegen wir links ab in Richtung Allmendsberg und genießen noch einmal eine schöne Abfahrt durch den hübschen Ort mit reichlich Panorama, üppiger Landluft und einem kleinen **Hofladen**, in dem es frischen Apfelsaft oder Eier zu kaufen gibt. Jetzt noch eine Steigung über ein paar schöne Serpentinen (man folge dazu dem Radwegschild in Richtung Emmendingen den Berg hinauf), rechts grüßt noch der **Eichbergturm**, mit fast 50 m der höchste Aussichtsturm im Schwarzwald. Und dann geht's nur noch bergab nach Emmendingen.

Wegzehrung: frischer Saft aus dem Fenster

Der Weg nach Freiburg ist ab hier gut ausgeschildert, aber wenig berauschend. Am besten umfährt man die Stadt mit ihrem quirligen Straßenverkehr westlich in einem großen Bogen vorbei am Zentrum für Psychiatrie und dann Richtung Windenreute und Kollmarsreute, um nach der Eisenbahnbrücke wieder rechts nach Emmendingen hineinzufahren. Dort nimmt man erst links die Wiesenstraße und biegt nach 1 km links in den Rosenweg. Über die Elz gelangt man so nach Emmendingen-Wasser. Freiburg ist ab hier gut ausgeschildert. Eine der schönsten Routen führt über den durchgehend asphaltierten **Hirtenweg** durch ein Stück Wald bis nach Vörstetten und Gundelfingen.

Familienausflug in den verwunschenen Stadtwald 16

Streckenverlauf	Platz der Alten Synagoge – Mercystraße – Wonnhalde – Günterstal – Sternwald-Pavillon – Sternwaldwiese – Waldsee – Möslepark – Dreisamradweg – Platz der Alten Synagoge
Schwierigkeitsgrad	leicht
Streckencharakter	meist flach
Streckenlänge	14,5 km (Halbtagesausflug)
Höhenunterschied	180 m
Einkehren und Freizeit	Lorettobad, Sternwaldwiese, Minigolfanlage am Waldsee, Restaurant Waldsee (☎ 0761/73688, www.waldsee-freiburg.de)
Sehenswürdigkeiten	WaldHaus (☎ 0761/896477-10, www.waldhaus-freiburg.de), Arboretum Günterstal, Möslepark

Schon was vor am Sonntag? Fabelwesen im Wald suchen? Exotische Baumarten entdecken? Oder doch lieber eine Runde Minigolfen, dann Grillen und am Ende eine Bootsfahrt auf dem Waldsee wagen? Die 14,5 km lange Rundtour durch den Freiburger Südwesten hat das Zeug zum perfekten Wochenendausflug für die ganze Familie: ein bisschen Abenteuer, ein bisschen Exotik, dazu viel Wissenswertes über Wälder, Hölzer und Naturschutz.

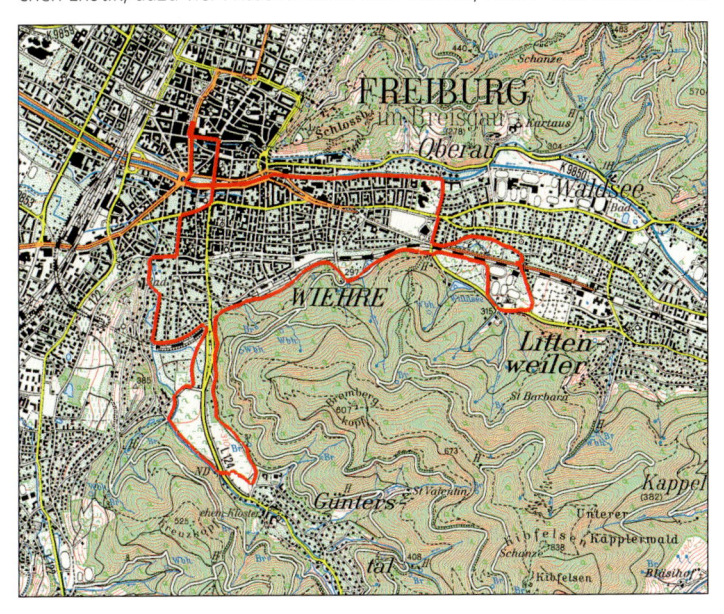

Und wer einfach nur einen schönen Platz zum Herumgammeln, einen schattigen Spielplatz oder eine Grillstelle sucht, der wird am Streckenrand ebenso fündig. Voraussetzung für die Tour sind einigermaßen geländetaugliche Reifen, denn sie verläuft zum Teil auf Waldwegen.

Gewiss, ein großes Geheimnis ist die Route nicht. Aber obwohl sie so reich an interessanten Ausflugszielen ist, taucht sie so in keinem einschlägigen Fahradstadtplan von Freiburg auf. Schade eigentlich, denn wo andere Städte bloß einen Park haben, wartet Freiburg gleich mit einem ganzen Stadtwald auf. Der Bergwald beginnt quasi direkt hinter den letzten Wohnhäusern – und bleibt für viele doch ein unbekanntes Gebiet.

> **WaldHaus** An der Wonnhalde in Günterstal hat die Stadt Freiburg im Jahr 2008 ein Informationszentrum gegründet, das die ökologische und ökonomische Bedeutung des Waldes erklären will: das WaldHaus. Hier finden zweimal im Monat an Sonntagnachmittagen Aktivitäten für Kinder statt wie „Tieren auf der Spur", „Bäume entdecken" oder „Unterwegs als Quellenforscher". Aber dem Zauber des Waldes kann man auch ganz ohne Anleitung nachspüren. „In den Wäldern sind Dinge, über die nachzudenken man jahrelang im Moos liegen könnte." Mit diesem schönen Zitat von Franz Kafka will auch das WaldHaus für die Belange des Waldes sensibilisieren.

Rund um das WaldHaus Freiburg stehen riesige Holzskulpturen im Wald

Ganz im Zeichen des Holzes stehen auch die Skulpturen, die versteckt im Wald von Märchen und Mythen erzählen. Der **Skulpturenpfad** des Freiburger Holzkünstlers Thomas Rees wurde im Mai 2009 eröffnet und befindet sich direkt oberhalb des WaldHauses, unserem ersten Etappenziel: Die Strecke führt von der Innenstadt auf ruhigen Straßen durch das Lorettoviertel zur Wonnhalde.

Einen Steinwurf weiter, auf der gegenüberliegenden Seite des Tals liegt das **Arboretum Günterstal** direkt am Fuße des Schauinslands und stellt nicht nur heimische Baum- und Straucharten vor, sondern auch solche aus Wäldern anderer Erdteile. Die Gesamtfläche des Arboretums beträgt etwa 100 ha Wald. Die Radtour führt vom Waldhaus auf dem Breitmattenweg weiter Richtung Günterstal. Dort, wo der Weg auf die Schauinslandstraße stößt, kann man die Stadtbahngleise überqueren und erreicht über einen schmalen Pfad den Spielplatz am Ortsrand von Güntertal. Dort geht es links zum Günsterstäler Weg, der weitgehend flach am Waldrand entlangführt – hier kann man beliebig Zwischenstopps einlegen, um an einer der vielen Informationstafeln Wissen über verschiedene Baumarten zu tanken oder eine kurze Wanderung durch den Bergwald einzuschieben, wo fünf verschiedene Themenpfade durch das Arboretum führen. Heute wachsen hier über 1000 Baum- und Straucharten aus 60 Ländern und fünf Kontinenten, darunter viele Arten, die in ihrer Heimat vom Aussterben bedroht sind und die Forstbotaniker hier zu erhalten hoffen.

Man sollte sich nur in Acht nehmen vor Hundehaltern oder Walkern, die mit ihren Stöcken herumfuchteln, obwohl der Forstweg eigentlich breit genug ist, dass Radler und Fußgänger sich nicht in die Quere kommen müssten. Nur am Sternwald-Pavillon führt bloß ein schmaler Weg zur Waldseestraße, dort ist Absteigen angesagt. Die Waldseestraße ist der komfortabelste Abschnitt der Strecke: durchgehend asphaltiert, komplett autofrei und schön schattig führt sie am Waldrand entlang. An der **Sternwaldwiese** wartet zudem ein großer Abenteuerspielplatz auf die Kinder, und gegenüber darf gegrillt werden – wovon im Sommer halb Freiburg auch ausgiebig Gebrauch macht.

Wer fürs Grillen nichts übrig hat, fährt weiter bis zum **Waldsee**. Dort kann man mit dem Tretboot gepflegt eine Runde drehen, nebenan steht eine Minigolfanlage, und das Schniposa (Schnitzel, Pommes, Salat!) im Waldseerestaurant ist auch ganz passabel. Auf der Waldseestraße geht es weiter: am Fußballstadion vorbei, dahinter nach links durch eine Kleingartensiedlung in die Hammerschmiedstraße. Jenseits der B 31 nehmen wir die Oberrieder Straße und fahren an den Resten des zweigeteilten **Mösleparks** vorbei. Dann rechts in die Möslestraße und geradeaus weiter über die Schwarzwaldstraße in die Hirzbergstraße. Schon sind wir am Dreisamufer angekommen – aber für den Uferradweg braucht man nun wirklich keine Tourenbeschreibung mehr.

KARTOFFELHAUS

Köstliche Kartoffel-Spezialitäten
und alles, was dazu passt: Fleisch, Fisch, Gemüse, Käse...

Basler Straße 10
79100 Freiburg
Telefon +49 761 72001

täglich von 11.30 – 24.00 Uhr
durchgehend warme Küche
www.DasKartoffelhaus.de

17 Auf den Schauinsland

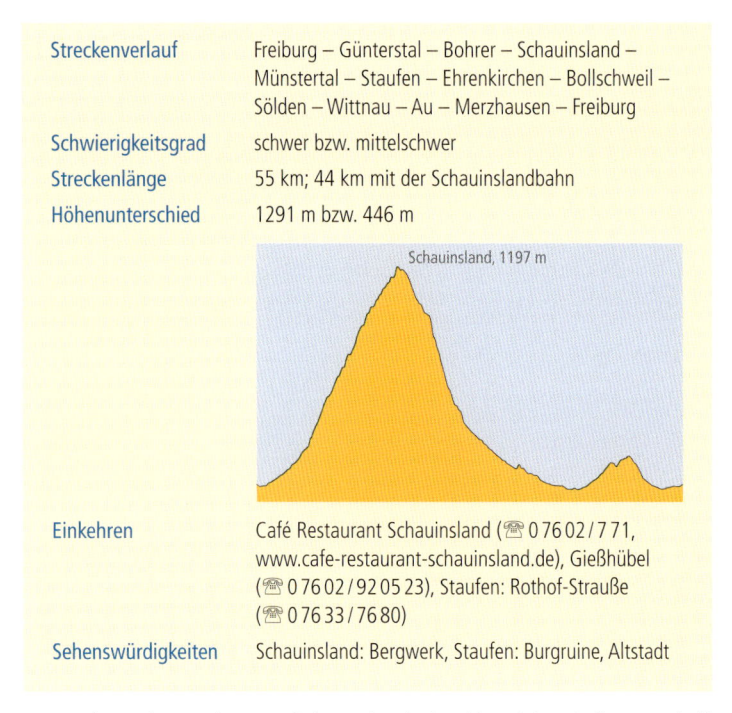

Streckenverlauf	Freiburg – Günterstal – Bohrer – Schauinsland – Münstertal – Staufen – Ehrenkirchen – Bollschweil – Sölden – Wittnau – Au – Merzhausen – Freiburg
Schwierigkeitsgrad	schwer bzw. mittelschwer
Streckenlänge	55 km; 44 km mit der Schauinslandbahn
Höhenunterschied	1291 m bzw. 446 m
Einkehren	Café Restaurant Schauinsland (☎ 07602/771, www.cafe-restaurant-schauinsland.de), Gießhübel (☎ 07602/920523), Staufen: Rothof-Straße (☎ 07633/7680)
Sehenswürdigkeiten	Schauinsland: Bergwerk, Staufen: Burgruine, Altstadt

Zugegeben: Eine Radtour auf den Schauinsland ist nichts Außergewöhnliches – wenn man gut trainiert ist. Man kann aber auch mit weniger Muskelkraft den schwierigen Anstieg auf Freiburgs Hausberg locker meistern und dabei auch noch unbeschwert Natur und Kultur genießen. Radwanderer können die steile Passage zwischen Horben und dem Schauinslandgipfel bequem mit der Schauinsland-Bahn überbrücken, in deren Gondeln die Fahrradmitnahme überhaupt kein Problem ist. Noch entspannter ist der Gipfelsturm eigentlich nur mit einem E-Bike möglich – was wir natürlich für dieses Buch ausprobiert haben.

E-Bike Inzwischen gibt es eine neue Generation von Elekorädern, die es auch sportlich weniger ambitionierten Fahrerinnen und Fahrern ermöglichen, anspruchsvolle Gipfeltouren per Velo zu absolvieren. Pedelecs heißen die Gefährte, die Abkürzung steht für „Pedal Electric Cycle". Man kann auch während der Fahrt selbst bestimmen, wie hoch der Grad der elektrischen Unterstützung ausfällt – für sportliche Fahrerinnen und Fahrer erhöht sich so die Reichweite bei Radtouren enorm. Das Prinzip ist einfach: Ein Elektromotor gibt beim Treten zusätzlichen Schwung, sodass man nur etwa 45 bis 60 Prozent der vorher benötigten Kraft aufbringen muss. Der Motor schiebt nur, wenn zumindest ein wenig Muskelkraft im Spiel ist.

Die Strecke auf den Schauinsland ist schnell beschrieben: Wer es asphaltiert will, der fährt von der Innenstadt aus zunächst durch die Günterstäler Straße vorbei am berühmten **Holbeinpferd** und der Wonnhalde bis nach Günterstal. Dort immer geradeaus weiter auf der **Schauinslandstraße** (L 124), die wochentags mäßig befahren ist, an Wochenenden aber nicht wirklich Spaß macht, weil das Verkehrsaufkommen viel zu hoch ist.

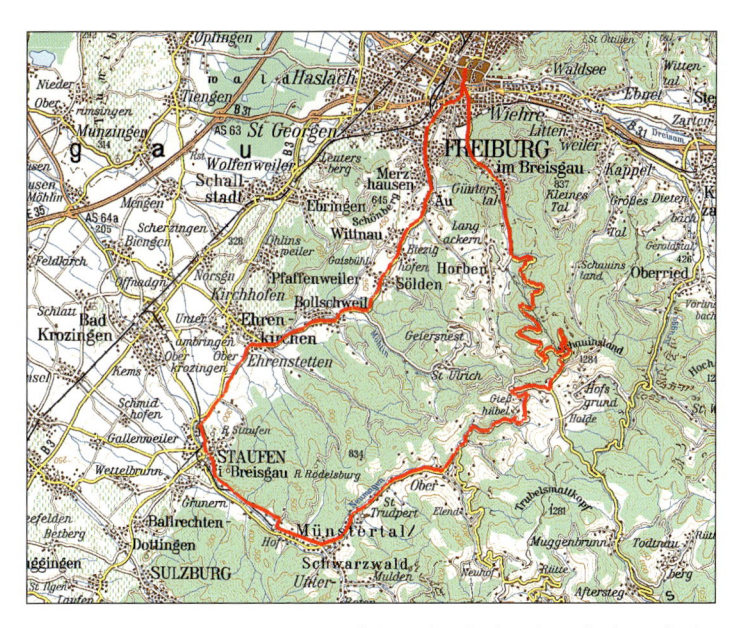

Das Biken mit elektrischer Hilfe hat einen sehr angenehmen Nebeneffekt: Schauen ins Land ist jetzt auf der kurvenreichen Bergstrecke möglich, statt Reintreten, Schwitzen und Schnaufen. Wer sich ausschließlich auf Muskelkraft verlässt, den erwartet eine sportlich anspruchsvolle Strecke. Am **Schauinslandgipfel** kann man vor der Abfahrt ins Münstertal im Restaurant der Schauinslandbahn einkehren oder zu Fuß die letzten Meter zur Bergspitze auf 1284 m Höhe erklimmen und dabei die subalpinen Bergwälder und artenreichen Magerwiesen genießen. Fehlen darf bei keiner Schauinslandtour ein Besuch des **Aussichtsturms** auf dem Gipfel. Der 1981 eröffnete Turm ist nach dem ehemaligen Freiburger Oberbürgermeister Eugen Keidel benannt. Von der Aussichtsplattform in etwa 20 m Höhe hat man besonders bei Inversionswetterlagen im Herbst hervorragende Aussicht bis zu den Vogesen, zur Hornisgrinde und den Alpen.

Der Schauinslandturm wurde 1981 errichtet

Bei Inversionswetter ist die Rheinebene von einem Wolkenmeer bedeckt. Oben auf dem Schauinsland genießt man hingegen einen weiten Blick

Schauinsland Wo andere Städte einen Park haben, wartet Freiburg gleich mit einem ganzen Hausberg auf. Der Schauinsland beginnt quasi direkt hinter den letzten Wohnhäusern der Stadt. Von 278 m Höhe über dem Meer geht es bis auf 1284 m steil nach oben zum Gipfel. Die 1000 m in der Vertikale bieten dabei einen Querschnitt durch verschiedene Klimazonen: vom warm-gemäßigten Klima in den tiefen Lagen bis hin zum rauen Klima in den Berglagen mit viel Regen, langen, schneereichen Wintern und einer kurzen Vegetationsperiode. Während die Jahresmitteltemperatur unten 10,8° C beträgt, sind es am Gipfel lediglich 4,8° C. Im Jahresmittel fallen auf dem Gipfel 1585 mm Niederschlag, unten nur 954 mm. Der Schauinsland bietet eine große Vielfalt unterschiedlicher Lebensräume und Arten. Große Teile des Berges stehen unter Naturschutz, das Landschaftsschutzgebiet Schauinsland ragt sogar bis ins Stadtgebiet von Freiburg.

Geprägt wurde die Landschaft auch vom **historischen Bergbau**: Der Schauinsland und seine Umgebung gehören zur Zentralschwarzwälder Gneismasse, im Untergrund befinden sich auch Granitstein und Mineralien sowie Erze, denen der Berg seinen alten Namen „Erzkasten" verdankt. Das Silber aus dem Schauinsland brachte Freiburg im 13. und 14. Jahrhundert Wohlstand, sorgte für den Aufstieg des Bürgertums und ermöglichte den Bau des Münsters. Vor etwa 800 Jahren begannen die Bergleute in mühseliger Handarbeit die ersten Stollen in das Gebirgsmassiv zu treiben. Ihre Suche nach Silber, Blei und Zink dauerte bis ins 20. Jahrhundert und schuf ein gewaltiges Grubengebäude: Fast 100 km lang sind die Stollen, verteilt auf 22 Etagen. In den ehemaligen Stollen ist nicht nur die fast vergessene Bergbaugeschichte zu besichtigen. In einem Stollen in Oberried, einem Teil der früheren „Grube Schauinsland", lagern heute in über 1000 Edelstahlbehältern auf Mikrofilm abgelichtete Dokumente der deutschen Geschichte: darunter die Baupläne des Kölner Doms, die Goldene Bulle von 1213 oder der Vertragstext des Westfälischen Friedens.

Viele Wege führen auf den Schauinsland: Schmale Bergpfade, etwas breitere Forstwege oder die noch breitere, asphaltierte und kurvenreiche Schauinslandstraße. Alle sind steil – und alle haben ihren eigenen Reiz. Aber die wohl eleganteste Art, den Gipfel zu erklimmen, beginnt an der Talstation der **Schauinslandbahn** (www.

bergwelt-schauinsland.de) in Horben. Dort ist der Einstieg zu Deutschlands längster Kabinen-Umlaufseilbahn, mit der sich – seit ihrer Inbetriebnahme 1930 – jedes Jahr mehr als 200 000 Menschen auf Freiburgs Hausberg gondeln lassen und dabei die schöne Aussicht genießen. Die armdicken Drahtseile sind insgesamt 3,6 km lang und die kleinen Gondeln überwinden eine Höhendifferenz von 746 m. 15 Minuten dauert die Fahrt auf den Gipfel – übrigens exakt 14,14 Minuten weniger, als der Gewinner des „Schauinslandkönig" im Jahr 2008 mit seinem Rennrad für die Strecke benötigte.

Weiter geht's per Velo: Vom Parkplatz unterhalb des Schauinslandgipfel fahren wir zuerst Richtung Notschrei und bei nächster Gelegenheit rechts ab Richtung Münstertal. Am Gasthaus **Gießhübel** führt eine frisch asphaltierte Traumstraße links bergab ins Münstertal – die legendäre Stohrenstraße, die durch ein bezauberndes Tal an einsamen Gehöften und schroffen Felsformationen vorbei mit einem Gefälle von streckenweise 18 Prozent bergab stürzt. Ein Velogenuß erster Klasse – allerdings sind gute Bremsen obligatorisch!

Staufen ist bereits ab der Abzweigung Stohren im Obermünstertal ausgeschildert, wir folgen der L 123 bergab durch das beschauliche Münstertal mit seinen vielen großen Gehöften – und stoppen nur, um eine Besichtigung des **Klosters St. Trudpert** einzuschieben, dessen wuchtiger Zwiebelturm schon von Weitem zu sehen ist. Direkt hinter der Kurverwaltung und dem Rathaus biegen wir rechts ab in den Laisackerweg und dann gleich links in den Barbaraweg während wir dem Radwegschild nach Staufen folgen. Zunächst asphaltiert führt das Sträßchen direkt am Bahndamm entlang. Wer Abwechslung mag, biegt am zweiten Bahnübergang rechts ab, am Feriencamping Münstertal vorbei, fährt 200 m bis an den Waldrand und dort gleich wieder links in den Etzenbachweg. Etzenbach selbst ist ein kleiner Ort, der im Wesentlichen aus zwei Landgasthäusern mit großen einladenden Terrassen besteht und so bestens geeignet ist für eine zünftige Einkehr.

Das Kloster St. Trudpert im Münstertal

Bis Staufen ist es von hier aus nur noch ein kurzes Stück. Die verwinkelte Altstadt durchqueren wir immer den Radwegschildern folgend, ab hier ist bereits der Weg nach Freiburg ausgeschildert – und vielleicht treffen Sie ja irgendwo auf die Faust-Sage, denn Staufen gilt als Fauststadt. Die Strecke ist dank der vorbildlichen Radwegbeschilderung sehr leicht zu finden. Als Zwischenstopp in Staufen eignet sich neben der gut erhaltenen mittelalterlichen Altstadt auch die Burgruine. Seit einer umfangreichen Sanierung durch die Stadt Staufen bietet die stattliche Ruine einen anschaulichen Eindruck von mittelalterlicher Baukunst. Mächtige Mauern, Türme, Verliese und versteckte Winkel laden zum Spielen und Toben ein.

Burgruine Staufen Der Staufener Burgberg ist einer der zahlreichen Schwarzwaldvorberge. Der Bergkegel wird gekrönt von den Ruinen einer einst mächtigen Festung, die im Dreißigjährigen Krieg von den Schweden zerstört wurde. Die Ruinen sind frei zugänglich. Oben wartet eine herrliche Aussicht über das mittelalterlich anmutende Städtchen Staufen und die Rheinebene. Jedes Jahr im Juli findet ein Burg- und Weinfest statt.

Wir aber fahren unterhalb der Burg weiter Richtung Freiburg und Ehrenkirchen (an der Tankstelle geht es rechts ab). Einladend, besonders im Frühjahr, wenn alles blüht und grünt, ist die **Rothof-Strauße** oberhalb unserer Route. Ab Ehrenkirchen steigt der Weg wieder merklich an. Via Bollschweil – wo ein bemerkenswertes Projekt im Aufbau ist, nämlich die erste genossenschaftlich geführte Dorfkneipe Deutschlands –, Wittnau, Sölden und Merzhausen geht es durch das Hexental zurück nach Freiburg.

SÜDLICHER SCHWARZWALD 280 - 1.414 M

UNSER WOHLTEMPERIERTER
DREIKLANG

FERIENREGION
Münstertal
Staufen
Ballrechten-Dottingen

NATUR
MÜNSTERTAL

KULTUR
STAUFEN

WEIN
BALLRECHTEN-DOTTINGEN

FÜR IHRE GUTE URLAUBSSTIMMUNG
DANK KONUS INKLUSIVE
ENTSPANNTEM FREIBURG-BUMMEL

Ferienregion Münstertal Staufen
Wasen 47 · 79244 Münstertal · Telefon: 0 76 36 / 7 07 - 30
www.muenstertal-staufen.de · touristinfo@muenstertal-staufen.de

18 Einmal rund ums Dreisamtal

Streckenverlauf	Freiburg – Ebnet – Stegen – Buchenbach – Himmelreich – Weilersbach – Geroldstal – Kirchzarten – Kappel – Littenweiler – Freiburg
Schwierigkeitsgrad	leicht, gut abkürzbar
Länge	36 km
Höhenunterschied	260 m
	Weilersbach, 451 m
Einkehren	Gasthaus Himmelreich (☎ 07661/98620, www.hofgut-himmelreich.de), Freiburg: St. Ottilien (☎ 0761/63230, www.st-ottilien.com)
Sehenswürdigkeiten	Bauernhöfe mit Hofladen und Stallbesichtigung (www.dreisamtaeler-hof.de)

Man soll die Fahrradsaison langsam angehen lassen. Sagt mein Freund Sven. Und der muss es wissen, schließlich ist er ein Vielfahrer. Er fährt jeden Tag mit dem Rad zur Arbeit – von Freiburg nach St. Peter und zurück. Man braucht sportlich nicht so ambitioniert zu sein, um diesen Tipp dennoch zu beherzigen: es langsam angehen lassen, nicht gleich in die Vollen gehen. Das gilt auch für all jene, die gerade ihre Räder aus der Garage geholt und entstaubt haben und im Frühjahr die erste Radtour mit der Familie planen. Die Strecke durch das Dreisamtal ist wie geschaffen dafür – sie ist flach, landschaftlich abwechslungsreich, hat viele attraktive Rastplätze und Einkehrmöglichkeiten, die auch für Kinder etwas taugen. Und sie lässt sich jederzeit gut abkürzen – wenn es sein muss, auch mit der Höllentalbahn (Karte fürs Rad lösen!).

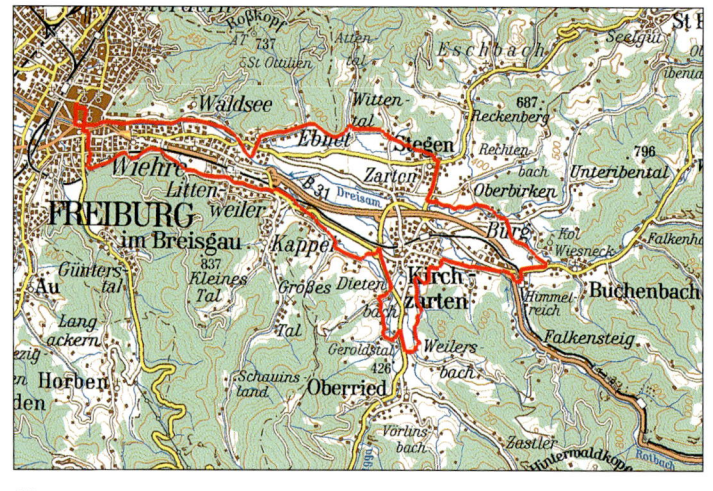

Der Dreisamtal-Radwanderweg führt an vielen alten Schwarzwaldhöfen vorbei wie hier in Geroldstal

Der Dreisamtal-Radwanderweg (Abkürzung: Ds) bringt einen von der Freiburger Innenstadt in Nullkommanichts ins Grüne. Er umrundet den ganzen Talboden und touchiert dabei neben Kirchzarten auch alle anderen Gemeinden des Dreisamtals. Wer samstags früh startet, kann nicht nur relativ leere Wege genießen, sondern den Rundkurs gleich zum Einkauf in einem der vielen Bauernhofläden im Dreisamtal nutzen. Wer vorab planen will, bekommt einen Überblick über die Höfe und deren Angebote unter www.dreisamtaeler-hof.de.

Vom Startpunkt Alte Synagoge fahren wir zuerst zur Kronenbrücke (dazu einfach dem Rotteckring nach Süden folgen) und dann auf dem Radweg an der Dreisam gemütlich stadtauswärts, meine beiden Töchter im Fahrradanhänger. Jetzt liegen noch etwa 36 km und etwa 260 Höhenmeter vor uns. Die Wiesen links und rechts der Dreisam bieten ausreichend Gelegenheit für eine erste Rast, auch Spielplätze gibt es hier in Hülle und Fülle – und wollten wir es nicht langsam angehen lassen? Machen wir natürlich nicht, sondern fahren weiter. Links blicken die Windräder des Roßkopfs keck über eine Bergkuppe, rechts lauert das SC-Stadion. Und überall stehen Infotafeln des „Freiburger Wasserweges" herum, mit verständlich aufbereiteten Informationen rund um das Thema Wasser – Radeln für Wissbegierige.

Nach 4 km ist Schluss mit Dreisam. Wir queren den Fluß über den Schlosssteg, kommen nach Ebnet und folgen dem ausgeschilderten **Dreisamtal-Radwanderweg** (Ds) durch den Ortskern – heutzutage ein relativ gefahrloses Unterfangen. Kaum vorstellbar, dass die Ortsdurchfahrt bis zur Fertigstellung der neuen B 31 ein Nadelöhr war, durch das sich die Autos Stoßstange an Stoßstange quälten. Ebnet ist heute staufrei und leider auch weitgehend frei von Sehenswürdigkeiten: In der barocken Kirche St. Hilarius wurden immerhin die Schwiegereltern von Wolfgang Amadeus Mozart getraut – doch Kinder, insbesondere Töchter auf Radtour, interessiert anderes. Zum Beispiel: Wo gibt es Pferde? Die Strecke führt den Ds-Radwanderweg weiter am Waldrand entlang. Auf einer fein geschotterten Strecke mit frisch gestopften Schlaglöchern gelangen wir zuerst nach Attental und weiter nach Wittental.

Die Störche auf den Feldern sorgen für Begeisterung im Kinderanhänger, ebenso die Kühe, Schafe und Ziegen auf den Weiden ringsum. In Wittental bietet sich ein Abstecher zum **Baldenweger Hof** an, der wegen des schwarzen Schriftzugs baldenwegerhof.de auf dem großen Ziegeldach

Auf weidende Pferde trifft man im Dreisamtal häufig

schon von Weitem erkennbar ist: Kinder können hier die Pferde-, Hasen oder Hühnerställe besichtigen und auf dem Spielplatz toben. Die Erwachsenen dürfen im Hofladen den Proviant für später besorgen. Weiter geht es dann über Stegen, wo wir im Ortskern rechts in die Kirchzartener Straße abbiegen und für ein kurzes Stück den Dreisamtal-Radwanderweg verlassen. Nach etwa 1 km biegen wir links ab auf einen gut befahrbaren Feldweg („Am Hohrain"), der uns nach Burg bringt, einen kleinen, verwinkelten Ort am Eingang zum Ibental. Auch hier Pferde auf der Weide. Auf halber Strecke zwischen Burg und Buchenbach zeigt ein Schild, wo es zum **Häuslemaierhof** geht. Der liegt zwar gut 1,5 km weiter bergauf, aber die Strecke lohnt sich, denn neben Bauernprodukten im Hofladen gibt es hier Ponyreiten für Kinder – und die Möglichkeit zur stundenweisen Kinderbetreuung. Aber wir machen ja einen gemeinsamen Ausflug!

Und der geht immer weiter auf dem ausgeschilderten Dreisamtal-Radwanderweg. Wir lassen Buchenbach links liegen und fahren in Richtung **Himmelreich**. Das gleichnamige Gasthaus, am Eingang zum Höllental gelegen, ist mit seiner traditionellen Speisekarte allerdings mehr als nur eine

Gute Einkehr: das Himmelreich liegt direkt am Eingang zum Höllental

SCHWARZWALD
DREISAMTAL
Vor den Toren Freiburgs

ganzjährig geöffnet

urismus Dreisamtal e.V. · Hauptstr. 24 · 79199 Kirchzarten · Tel. 07661-90 79 80
tourist-info@dreisamtal.de · www.dreisamtal-schwarzwald.de

Einkehrmöglichkeit: Das alte Gutshaus aus dem 14. Jahrhundert beherbergt heute ein erfolgreiches integratives Gastronomieprojekt, in dem behinderte Angestellte die Chance auf ein Leben jenseits der Behindertenwerkstatt bekommen – und sie auch nutzen.

Der Ds-Radweg führt unter der B 31 durch an einem Spielplatz vorbei. Kurz vor Kirchzarten biegen wir links ab und kommen gleich zum nächsten attraktiven **Kinderspielplatz**, der schön schattig am Waldrand liegt. Unsere Strecke führt oberhalb des Spielplatzes ein kleines steiles Stück durch den Wald nach Weilersbach, das zu Oberried gehört, wo wir den Dreisamtal-Radwanderweg abermals verlassen. Zweimal rechts, einmal links auf die Straße nach Geroldstal mit seinen schönen alten Schwarzwaldhöfen und den Gasthäusern mit den einladenden Terrassen. Hinter Dietenbach, nach einem eher unangenehmen halben Kilometer, nehmen wir einen Schotterweg nach links, der uns nach Neuhäuser bringt. Hier liegt das Paradies, zumindest für die Kinder: ein Pferdehof neben dem anderen!

Wir folgen der Straße „Am Engenberg" und der Neuhäuserstraße bis zum Stadtteil Kappel, wo wir links in die Alemannenstraße fahren. Aus ihr wird die Littenweiler- und zum Schluss die Waldseestraße. Hier gibt es auch keine Pferde mehr, nur ein paar wandernde Kröten. Ein paar Mal im Jahr ist deswegen die Waldseestraße komplett gesperrt – und überhaupt lässt sich die Stadt Freiburg viel für ihre Kröten einfallen. Seit dem Jahr 2008 gibt es in der Stadt an der Dreisam die weltweit erste Pontonbrücke für Kröten, die die Amphibien sicher über den Waldsee bringen soll.

19 Auf zweierlei Wegen zur Madonna: zu den Klöstern St. Peter und St. Märgen

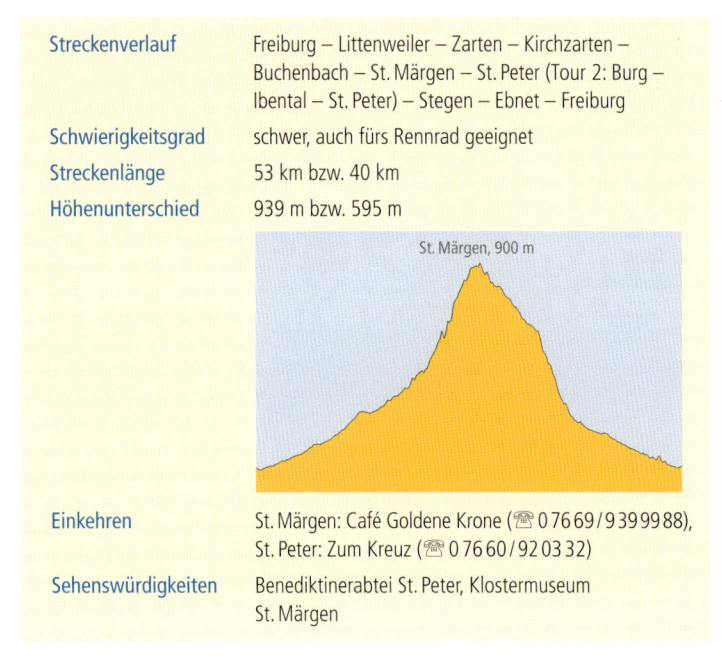

Streckenverlauf	Freiburg – Littenweiler – Zarten – Kirchzarten – Buchenbach – St. Märgen – St. Peter (Tour 2: Burg – Ibental – St. Peter) – Stegen – Ebnet – Freiburg
Schwierigkeitsgrad	schwer, auch fürs Rennrad geeignet
Streckenlänge	53 km bzw. 40 km
Höhenunterschied	939 m bzw. 595 m
Einkehren	St. Märgen: Café Goldene Krone (☎ 07669/9399988), St. Peter: Zum Kreuz (☎ 07660/920332)
Sehenswürdigkeiten	Benediktinerabtei St. Peter, Klostermuseum St. Märgen

Einst waren die beiden ehrwürdigen Schwarzwaldklöster in St. Peter und St. Märgen Konkurrenten in Sachen Glauben. Heute befinden sich beide auf gleicher Linie, nämlich auf dem Streckenverlauf unserer landschaftlich wunderschönen und sportlich anspruchsvollen Radtour.

Tour 1: Große Klosterrunde
Katholische Gläubige strömen bis heute in die Wallfahrts- und Klosterkirche in St. Märgen, um dort eine Madonnenfigur zu verehren. Dabei ist das Kloster schon vor fast 200 Jahren aufgelöst worden: Als im Jahre 1806 das „Großherzogthum Baden" aus der Taufe gehoben wurde und die Zeit der Säkularisation anbrach, machte der neue Staat viele Klöster dicht. 1807 kam auch das Augustinerchorherrenstift in St. Märgen an die Reihe. Die Pilger kommen aber meist nicht mit dem Rad – da verpassen sie etwas.

Die Strecke bringt uns von Freiburg aus durch das Dreisamtal (Radweg an der Dreisam entlang) bis Zarten. Von dort führt ein Radweg weiter nach Buchenbach, danach fahren wir auf der L 128 zum Klosterdorf hinauf. Der Anstieg ist vergleichsweise moderat, landschaftlich ein Genuss und punktet mit einem relativ geringen Verkehrsaufkommen. Wer es steiler und einsamer mag, der biegt in dem kleinen Örtchen Wagensteig rechts ab auf den Steigweg, ein schmales Asphaltsträßchen, das in etlichen Windungen hinauf zum **Thurner** führt (die letzten 2,1 km bis zum Thurner verbringen wir allerdings auf der K 4907). Oben angekommen, vis-à-vis des Thurner-Gasthofs fahren wir links auf die B 500 und biegen 300 m weiter erneut links ab auf die Schwarzwald-Panoramastraße (L 128) nach St. Märgen.

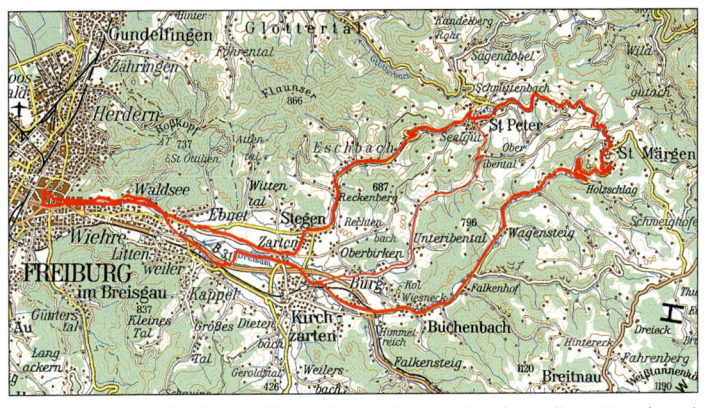

In St. Märgen steht das **Café Goldene Krone**, ein ehemaliges Hotel und Pilgerhaus aus dem 18. Jahrhundert, das von der Dorfgemeinschaft vor dem Verfall gerettet wurde. Seit 2004 Jahren betreiben Frauen aus dem Dorf das Café, Anhalten lohnt sich. Wann immer die Landfrauen Kuchen backen, stürzen sich alle darauf, weil der tatsächlich hausgemacht ist und auch genau so schmeckt. Auch die legendäre „Barmherzige Suppe", die man gemeinsam aus einer Terrine löffeln kann, hat weit über den Schwarzwald hinaus treue Anhänger gefunden. Danach geht's weiter zum nächsten ehemaligen Kloster nach St. Peter über die **Schwarzwald-Panoramastraße**. Die hält, was der Name verspricht und bietet freie Sicht auf Schwarzwaldgipfel wie Kandel und Feldberg – allerdings auch viel Verkehr, vor allem an Wochenenden. Wer steile Abfahrten und knackige Anstiege nicht scheut, der sollte – auf eigene Faust – das kleine Asphaltsträßchen ausprobieren, das jenseits der Panoramastraße und fernab der Touristenströme von St. Märgen nach St. Peter führt. Direkt in der ersten steilen Rechtskurve hinter dem St. Märgener Ortsausgang geht diese schmale Straße geradeaus weiter, ein Velogenuß erster Güte, Wanderschilder weisen den richtigen Weg. Von St. Peter gibt es zwei mögliche Wege zurück nach Freiburg: den direkten runter nach Stegen und weiter durch das Dreisamtal (dort dann wieder auf den Ds-Radweg). Oder den etwas längeren durchs Glottertal über Heuweiler und Denzlingen.

St. Peter Das Kloster wurde 1093 vom Zähringer Herzog Bertold II. als Hauskloster und Grablege gegründet und im Jahre 1095 von Papst Urban II. bestätigt. In der Folgezeit entwickelte sich die Anlage zu einem bedeutenden poltischen und kulturellen Zentrum im Hochschwarzwald. Die Benediktinermönche ließen den Wald roden, siedelten Bauern an, gründeten eine Glashütte und unterstützten die Uhrmacherei, die in dem Ort florierte.

Viermal in seiner Geschichte brannten Kirche und Klostergebäude ab. Die jetzt noch vollständig erhaltene Barockanlage aus dem 18. Jahrhundert mit ihrer Rokoko-Bibliothek gilt als eine der schönsten und bekanntesten im ganzen süddeutschen Raum. Architekt war der Vorarlberger Baumeister Peter Thumb. 1806 wurde das Kloster aufgelöst, die Herrschaft ging an das Großherzogtum Baden

St. Peter – Blick von der Oberibentaler Allmend auf das Klosterdorf

über. Von 1842 bis 2006 beherbergte das ehemalige Kloster das Priesterseminar der Erzdiözese Freiburg. Seit dem 19. November 2006 wird das Kloster als Geistliches Zentrum genutzt.

Benediktinerabtei St. Peter
☏ 0 76 60 / 9 10 10
www.st-peter-schwarzwald.de

Führungen (Tickets an der Pforte):
So und feiertags 11.30 Uhr,
Di: 11 Uhr, Do: 14,30 Uhr

St. Märgen Auch der Nachbarort St. Märgen (900–1100 m) ist aus einer Klostergründung hervorgegangen. Im Jahre 1118 gründeten Augustinermönche die Abtei, trieben von hier aus die Besiedlung des Schwarzwaldes voran und schufen damit ein bleibendes kulturelles Erbe. Klosterkirche und -hof sind noch ursprüngliche Wahrzeichen des bekannten Marienwallfahrtsortes. In den Räumen befindet sich ein Museum, das sich lokalen Themen widmet, etwa der Uhrenfabrikation und dem Uhrenhandel, der Auswanderung, der Hinterglasmalerei, dem Klosterbildhauer Matthias Faller sowie religiöser Volkskunst der vergangenen Jahrhunderte.

Klostermuseum St. Märgen
☏ 0 76 69 / 91 18 17
www.kloster-museum.de
Öffnungszeiten: 1. Mai–1. Nov:
Mi/Do 10–13 u. 14–17 Uhr
ganzjährig: So u. feiertags 10–13 Uhr

Tour 2: Kleine Klosterrunde

St. Peter liegt auf einer weiten Hochfläche am Südhang des Kandels. Dort befindet sich weithin sichtbar (und auch besichtigbar) das alte Benediktinerkloster aus dem 11. Jahrhundert, das heute als Geistliches Zentrum genutzt wird. Doch wie kommt man dort hinauf? Wir fahren von Freiburg aus an der Dreisam entlang und nehmen dann die Strecke durch Zarten, Kirchzarten, Burg und das Ibental. Die kaum befahrene schmale Straße windet sich steil hinauf nach St. Peter – gut für die Kondition. Für echte Landluft sorgen gelegentlich die Schwarzwaldbauern, die auf den angrenzenden Wiesen oft und gerne reichlich Gülle verteilen. Dennoch: Die Landschaft ist bezaubernd und still, leider ist man ganz schnell oben angelangt. Und noch schneller wieder unten. Von St. Peter geht es direkt zurück: Stegen, Zarten, Ebnet, eine kurze Runde eben. Insgesamt kommt man auf gut 40 km, eine schöne Tour, die sich bestens nach der Arbeit oder vor dem Sonntagsbrunch fahren lässt. Und natürlich lässt sie sich beliebig verlängern. Von St. Peter zum Beispiel geht's mit einem eleganten Schlenker über den **Potsdamer Platz**, einen Wanderparkplatz mitten im Wald oberhalb des Klosterdorfs. Aber das müssen Sie schon selbst herausfinden …

Schwarzwaldmädel St. Peter – der Heimatort des Schwarzwaldmädels? Das glaubt man zumindest, es stimmt aber nicht. Jeder kennt das Trachtenmädchen mit dem Bollenhut. Es ist eine globale Ikone, die bis in die Gegenwart für Frische und Reinheit, für Heimat und Volkstümlichkeit steht. Die Figur gilt als das Gesicht des Schwarzwaldes und wird als solches kommerziell gnadenlos ausgeschlachtet. Sie prangt auf Bieretiketten, Milchtüten, Schinkenpackungen und Zuckerwürfelpapier, und der stilisierte Bollenhut ist bis heute offizielles Signet der Urlaubsregion Schwarzwald.

Die Geschichte des Schwarzwaldmädels beginnt nicht im Schwarzwald, sondern in Berlin. Am 25. August 1917 hatte die gleichnamige Operette des Komponisten Léon Jessel an der komischen Oper in Berlin Premiere. Jessels Werk wurde umjubelt und gefeiert, weil er den kriegsmüden Deutschen eine heile Kunstwelt erschuf, nach der sich damals so viele sehnten. Die Hauptfigur der Operette, das Schwarzwaldmädel Bärbel, war „die Idealbesetzung der Frau an der Heimatfront", sagt der Volkskundler Thomas Hafen vom Schwarzwälder Freilichtmuseum Vogtsbauernhof. „Bescheiden und fleißig, tapfer und treu, sie trägt Tracht und wartet auf ihren Liebsten." Das traf den Nerv der Zeit, dabei war das Schwarzwaldmädel schon damals ein Kunstprodukt. Ein historisches Vorbild gibt es nicht. Selbst das Wort „Mädel" existiert in den Dialekten des Schwarzwaldes nicht. Jessels Operette markiert den Beginn einer steilen Karriere: Das Schwarzwaldmädel avancierte zu einem weltweit bekannten Symbol einer ganzen Kulturlandschaft. Auch den Nazis gefiel das Mädchen und so warben NS-Organisationen mit ihr für Kraft-durch-Freude-Reisen in den Schwarzwald, während die Operette von Jessel nach 1935 in Deutschland nicht mehr aufgeführt werden durfte – wegen der jüdischen Herkunft des Komponisten. Anders als ihr Schöpfer passte das Schwarzwaldmädel aber bestens zur NS-Ideologie, die Grenzen zwischen Heimattümelei und völkischer Ideologie sind eben fließend.

Fünf Jahre nach Kriegsende kam der erste deutsche Farbfilm in die Kinos: „Das Schwarzwaldmädel" sorgte 1950 für einen Publikumsandrang, den kein deutscher Film je wieder erreicht hat. Die perfekt inszenierte Idylle lockte damals über 14 Millionen Menschen in die Lichtspielhäuser. „Grobe Späße statt wirklichem Humor, deutsche Rührseligkeit und Biederkeit", urteilte damals ein Filmkritiker in der Wochenzeitung „Die Zeit". Genau das wollten die meisten Deutschen sehen: Eine heile Welt ohne Trümmer und ohne Spuren von der schmutzigen braunen Vergangenheit. Und Drehort war St. Peter im Schwarzwald – dass

Filmplakat aus den 50er Jahren

die Schwarzwälder Tracht mit dem roten Bollenhut eigentlich aus dem Gutachtal stammt und dort ausschließlich von unverheirateten jungen Mädchen während des Kirchgangs getragen wurde, das hat damals keinen interessiert.

Dem Schwarzwald hat der erfolgreichste deutsche Heimatfilm einen beispiellosen Fremdenverkehrsboom beschert. Bis heute wirbt deshalb der offizielle Tourismusverband der Region mit dem Schwarzwaldmädel. Christoph Krull, Geschäftsführer der Schwarzwald-Tourismus-Gesellschaft ist wohl einer der größten Fans des biederen Mädchens. Dass jemand das Schwarzwaldmädel verstaubt oder heimattümelnd finden könnte, kann er nicht glauben. „Alle finden es fantastisch", sagt Krull. Die offizielle Werbeträgerin des Schwarzwald-Tourismus sei aktiv, dynamisch und frisch. „Wir haben schon ein Schwarzwaldmädel auf ein Mountainbike gesetzt um zu zeigen, dass Tradition nichts Ultrakonservatives ist, sondern sich mit den modernen Dingen des Lebens weiter entwickelt." Das Schwarzwaldmädel sei ein international bekanntes Sinnbild für den Schwarzwald. „Es erzeugt die Vorstellung einer Bilderbuchlandschaft in den Köpfen. Genau das wollen wir."

Heute muss der Bollenhut als Werbeträger für fast alles herhalten

Schwarzwaldkitsch und Natur: von Titisee nach Freiburg

20

Streckenverlauf	Freiburg – Titisee mit der Bahn; Titisee – Hinterzarten – Falkensteig – Himmelreich – Kirchzarten – Freiburg
Schwierigkeitsgrad	mittelschwer
Streckenlänge	Hinweg mit der Bahn; Rückweg 34,4 km
Höhenunterschied	348 m Steigungen, 930 m Gefälle
	Alpersbach, 1063 m
Einkehren	Gasthaus Himmelreich (☎ 07661/98620, www.hofgut-himmelreich.de), Alpersbach: Zum Engel (☎ 07652/1539, www.engel-hinterzarten.de)
Mit der Bahn	Fahrradmitnahme ab Freiburg, kostenpflichtig

Wer Schwarzwald sagt, darf von Titisee nicht schweigen. Jährlich reisen bis zu zwei Millionen Menschen in den Kurort. Sie suchen den Schwarzwald und finden Bollenhut, Kirschtorte, Schinken und Schnitzereien, Geranien, Kuckucksuhren und Tretboote. Am Seeufer drängeln sich Touristen aus aller Welt zwischen Souvenirbuden. Ja, es gibt viel reizvollere Orte im Schwarzwald, wildere Landschaften, schönere Seen und ruhigere Wälder. Bessere Kirschtorte sowieso. Und genau deshalb muss man einmal in Titisee gewesen sein, einmal den See gesehen, säuerlichen Kaffee gekostet und Kirschwasser-getränkte Torte schwer im Magen gespürt haben.

Rummel am Titisee. Doch der Schwarzwald ist mehr als Bollenhut und Kirschtorte

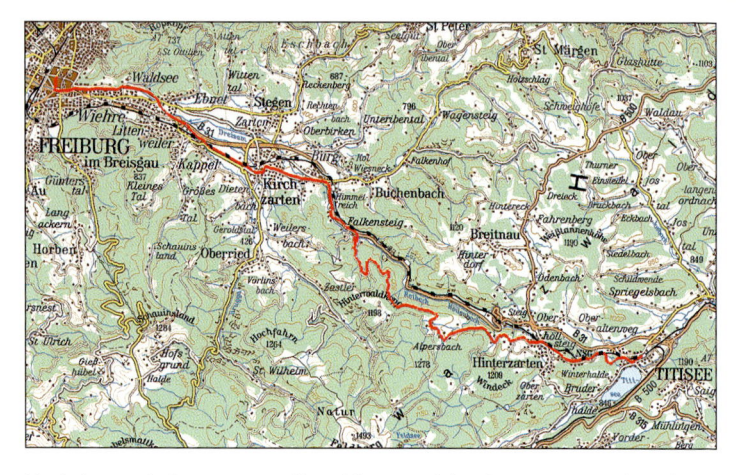

Und dann wieder weg: In die ruhigen Wälder ringsum. Wandern kann man da, dass es eine Freude ist. Oder Radfahren. Zum Beispiel von Titisee bis nach Freiburg. Eine tolle Tour, nicht zu lang, und bis auf einen kurzen Anstieg geht es nur bergab, nämlich durch das wilde Höllental nach Himmelreich und dann durchs Dreisamtal gemächlich zurück nach Freiburg. Die einfache Strecke beträgt 35 km, führt teils über Asphalt, in den Abfahrten jedoch über steile Waldwege, sodass eine gute Bremse obligatorisch, geländegängige Bereifung nicht verkehrt und eine Federung zumindest sinnvoll ist.

Titisee erreicht man von Freiburg aus am besten mit der **Höllentalbahn**, aber aufgepasst: Man muss nicht nur für sich, sondern auch für jedes Rad ein Ticket lösen. Am Bahnhof Titisee biegen wir rechts ab in die Parkstraße. Im Ortszentrum (großer Platz) geht es ebenfalls nach rechts in die Strandbadstraße und nach dem Kurhaus rechts in die Alte Poststraße vorbei an der Kirche. Die Alte Poststraße führt als Waldweg am Eisweiher und am Jockeleshof vorbei über die Winterhalde nach Hinterzarten.

Hinterzarten kennt auch fast jeder, der einmal etwas vom Schwarzwald gehört hat. Dort (nach dem Bahnhof) nehmen wir links die Alpersbacher Straße, die bergauf in den gleichnamigen Ort führt: Auf den nächsten 5 km sind 230 Höhenmeter zu bewältigen, die maximale Steigung beträgt 13 Prozent, aber dazwischen liegen auch einige flachere Passagen zum Verschnaufen, etwa ab **Windeck** (dort gibt es auch ein Gasthaus). Am Hanselehof geht es in einer Linkskurve geradeaus weiter auf dem Asphaltweg, durch eine kleine Siedlung und danach auf den Waldweg. Geschafft, jetzt geht's hinunter. Und wie: von 1063 m Höhe in Alpersbach auf 440 m in Himmelreich. Auf 750 m summiert sich das Gefälle auf den nächsten 11 km. Doch bevor wir uns in die Abfahrt nach Falkensteig stürzen, kreuzt unser Waldweg noch den Wanderweg mit der gelben Raute und wir fahren geradeaus weiter bergab durch einen schönen Laubmischwald. Oben ist der Wald etwas lichter, nach unten verengt sich dann das Tal, es wird immer schroffer und steiler. Mit einem Mal endet der Bergwald, das Tal öffnet sich, und wir stehen vor einer Märklineisenbahnlandschaft mit der Höllentalbahn, Schwarzwaldbauernhöfen, fetten grünen Weiden, Kühen und bellenden Hofhunden. Ab hier ist der Weg wieder asphaltiert.

Leider zeigt der Schwarzwald hier auch sein anderes Gesicht: Höllenlärm im Höllental. In Falkensteig, dem gebeutelten Dorf, das von der B 31 durchschnitten wird, tobt der Durchgangsverkehr. Grund genug für uns, die stark befahrene Transversale nicht zu überqueren, sondern gleich links auf dem Gehweg ein paar hundert Meter zurückzulegen – notfalls kann man die paar Meter auch schieben.

Gleich links geht es in den Tumichelweg, rechts führt dann ein ruhiger Radweg in Richtung Himmelreich, der **Jägerpfad**. Der Weg ist zwischendrin ein kurzes Stück relativ steil und führt dann oben am Hang entlang – mit einer schönen Aussicht bis ins Dreisamtal, vorbei an Höfen und Obstbaumwiesen. An der Unterführung zum Bahnhof

Der „Hirschsprung" im Höllental: durch die enge Schlucht zwängen sich jeden Tag Tausende von Autos und die Höllentalbahn

Himmelreich fahren wir geradeaus weiter auf dem ausgeschilderten Dreisamtal-Radwanderweg in Richtung Kirchzarten und zurück nach Freiburg. Man kann freilich auch am Nordrand des Dreisamtals fahren. Schön ist es via Zarten und dann auf dem Dreisamtal-Radwanderweg mit seinen vielen Spiel- und Rastplätzen. Überhaupt ist das Dreisamtal mit seinen vielen Pferdehöfen, Hofläden und Abenteuerspielplätzen eine ideale Gegend, um nach der rasanten Abfahrt den Nachmittag zu genießen (siehe auch Tour 18).

Das Sport-Hostel ist der optimale Start- und Endpunkt für aktive Tage draußen im Schwarzwald. Unsere neu renovierten 2-Zimmer-Apartments – für bis zu 4 Personen – sind elegant-schlicht und teilweise mit Dusche/WC auf der Etage ausgestattet. Ein Sportler-Frühstück gibt es im angrenzenden, innovativen, sportlich-mediteranen Solar-Cafe. Nach geführten Bike-, Kletter-, Ski- oder Reittouren, vorbei an unserer Berghütte mit Pool und Sauna, findet im Solar-Cafe immer ein gemeinsames Spaghetti-Essen statt.
Durch die zentrale Lage in Kirchzarten haben Sie Einkaufsgelegenheiten in direkter Umgebung.

Blackforest Sport & Bike Hostel
Bahnhofstr. 17
79199 Kirchzarten
Tel. 07661-91115-15
Fax 07661-91115-55
www.bsb-hostel.de
email: info@bsb-hostel.de

21 Auf neuen Wegen im Mittleren Schwarzwald

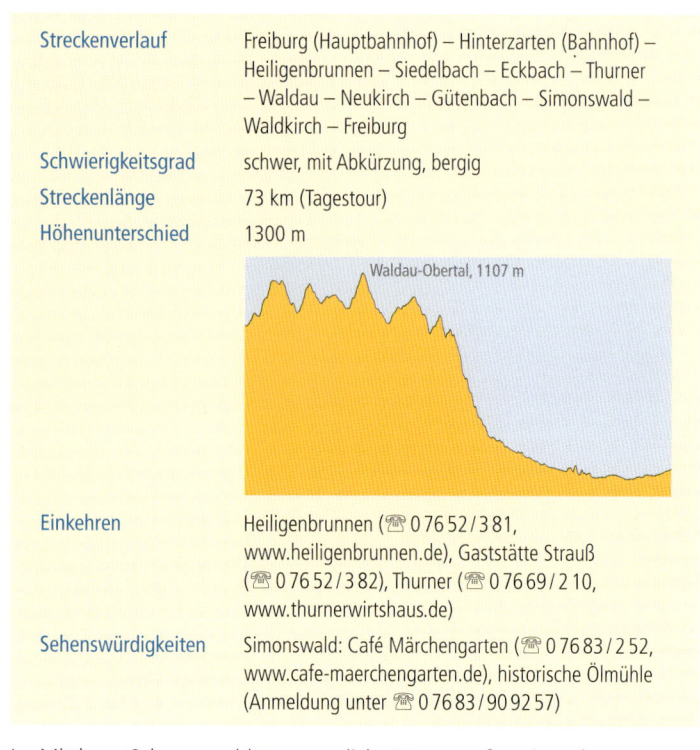

Streckenverlauf	Freiburg (Hauptbahnhof) – Hinterzarten (Bahnhof) – Heiligenbrunnen – Siedelbach – Eckbach – Thurner – Waldau – Neukirch – Gütenbach – Simonswald – Waldkirch – Freiburg
Schwierigkeitsgrad	schwer, mit Abkürzung, bergig
Streckenlänge	73 km (Tagestour)
Höhenunterschied	1300 m
Einkehren	Heiligenbrunnen (☎ 0 76 52 / 3 81, www.heiligenbrunnen.de), Gaststätte Strauß (☎ 0 76 52 / 3 82), Thurner (☎ 0 76 69 / 2 10, www.thurnerwirtshaus.de)
Sehenswürdigkeiten	Simonswald: Café Märchengarten (☎ 0 76 83 / 2 52, www.cafe-maerchengarten.de), historische Ölmühle (Anmeldung unter ☎ 0 76 83 / 90 92 57)

Waldau-Obertal, 1107 m

Im Mittleren Schwarzwald warten etliche Traumstraßen darauf, von Tourenradlern entdeckt zu werden. Doch klingt eine Strecke, die von Freiburg über Hinterzarten, Furtwangen und zurück mit dem Fahrrad führt, nicht vor allem nach stark befahrenen Bundestraßen? Nach viel Verkehr und wenig Spaß?

Frühling im Suggental

Es geht auch anders: auf Nebenstraßen. Auf kleinen Nebenstraßen. Und auf noch kleineren Nebenstraßen – meist ohne Autoverkehr, dafür mit absoluter Ruhe, herrlichen Bergen und einsamen Tälern. Die großen Schwarzwald-Transversalen B 31 und B 500 kommen dabei nur wenige hundert Meter unter die Räder; 73 km und 1300 Höhenmeter sorgen aber auch für einen hohen sportlichen Anspruch – und viele lauschige Gasthäuser an der Strecke für den nötigen Energienachschub.

Die Route macht viele touristisch attraktive Schlenker – es geht ja nicht darum, möglichst schnell von A nach B zu kommen, sondern möglichst schön. Die Tour startet in Hinterzarten am Bahnhof, von Freiburg bequem

Hinterzarten: Blick über den Rössleberg auf die Fürsatzhöhe

mit dem Zug zu erreichen. Vom Bahnhofsvorplatz führt rechts die Freiburger Straße durch den Ort. Dann wird es kurz knifflig: Vor dem Ortsausgang geht es rechts in den Rössleweg immer den kleinen gelb-blauen Radwegschildern nach, zum ersten Anstieg des Tages: Ein Fußgängertunnel bohrt sich unter der B 31 hindurch, direkt danach geht es rechts auf einen kleinen Schotterpfad. „Am Rösslewald" stoßen wir wieder auf Asphalt, Berge und Landluft – es riecht nach Kuh, Silofutter und Heu.

Immer den gelben Schildern nach geht es am **Gasthaus Heiligenbrunnen** vorbei, das mit Madonnenfiguren und einer Kapelle seinem Namen alle Ehre macht und eine legendär gute Schwarzwälder Kirschtorte bietet. Der Legende zufolge soll eine durstige Notburga hier einst auf einen Stein geklopft haben, woraufhin eine Quelle sprudelte und sie selbst zur Heiligen wurde. Die heilige Notburga gilt seit dem Mittelalter als Schutzpatronin der Schwangeren und Gebärenden, deshalb ist Heiligenbrunnen seit rund 500 Jahren Ziel vieler weiblicher Pilger.

Gut 1 km hinter dem Gasthaus, an der Fürsatzhöhe, geht es nach links in Richtung Siedelbach, Eckbach und Bruckbach. Auch der Schlegelfranzenhof ist bereits ausgeschildert, eine schöne Straußwirtschaft mit dem programmatischen Namen **„Gaststätte Strauß"**, in der den Gästen vorwiegend eigene Produkte serviert werden. Einsame Höfe und Weiler lassen wir hinter uns, und nach dem abwechslungsreichen Auf und Ab auf schmalen Straßen nehmen wir direkt nach dem Holzsägewerk die kurze, aber ziemlich knackige Steigung zum Thurner in Angriff. Am Pass wartet das **Thurner-Gasthaus** zur Einkehr, das allerdings nicht gerade ruhig liegt – die Terrasse befindet sich direkt neben der B 500, die sehr stark befahren ist.

Schwarzwälder Gasthaus am Thurnerpass – leider direkt an der B 500

Wem nach der Thurner-Bezwingung bereits der Sinn nach Abfahrt und Rückkehr nach Freiburg steht, fährt vom Thurner aus in Richtung Buchenbach, am besten durch den Spirzenweg, eine der landschaftlich reizvollsten Strecken hinab ins Dreisamtal und weiter nach Freiburg. Wer hingegen Lust auf mehr bekommen hat und die Tour fortsetzen will, der fährt oben auf der Passhöhe schnell über die B 500 und dann ein kurzes Stück auf der **Schwarzwald-Panoramastraße** Richtung St. Märgen. Nach etwa 1 km (am Forsthaus) geht es rechts ab in den Lehwaldweg, eine kurvenreiche, für den Verkehr gesperrte ehemalige Landstraße, deren alter Mittelstreifen aber noch deutlich zu sehen ist. Sie führt flach am Hang entlang und hat zudem ein paar lauschige Rastplätze zu bieten.

Am Schweizerhof müssen wir wieder auf die B 500, aber nur 800 m nach links und dann sofort nach rechts auf die K 4985 bis Waldau – wo es wieder ruhiger wird. Hinter der Kirche in Waldau nehmen wir links den Obertalweg, der knackig bergauf zum Widiwandeck führt. Geradeaus geht es weiter bis wir – einmal mehr – auf Höhe des Gasthauses **Kalte Herberge** auf die B 500 stoßen. Wir fahren rechts und am Gasthaus sofort wieder links auf ein schmales Sträßchen, das hinunter zum Wolfloch führt, einem verfallenen Schwarzwaldhof, der einsam im Tal hinter einer Kurve lauert.

Von dort gelangen wir weiter bergab auf die K 5752, ein kleines Sträßchen, das von der Hexenlochmühle nach Neukirch führt. Wir biegen rechts ab, bergauf nach Neukirch. Hinter dem Ort warten die letzten 360 m B 500. Danach fahren wir links in Richtung Waldkirch, aber schon in Neueck nehmen wir rechts den Höhenweg, der ein kleines Stück durch das „Gewerbegebiet Ob der Eck" führt – wieder ein kleines, kaum befahrenes Asphaltsträßchen, das sich durch Wald und Wiesen schlängelt. An der ersten Gabelung mit dem Windrad in Sichtweite geht es links, gleich darauf rechts bergab ins Grundtal bis nach Gütenbach – auf einem wundervoll schmalen Verbindungsweg zwischen zwei Bauernhöfen.

Im Ort wird es etwas kompliziert, weil das Straßenschild der Schulstraße fehlt. In diese geht es nach rechts (unterhalb des Kirchturms), dann folgen wir der Straße bergauf in Richtung Brend und schließlich in Richtung Simonswald. Steil geht es bergab, am Kilpen aber noch einmal 100 m richtig heftig bergauf nach rechts, bevor die Genußabfahrt nach Simonswald wartet (via Schanzackerweg und Nonnenbachstraße).

Simonswald ist wirklich schön anzusehen, vor allem im unteren Tal, wo die Landschaft offener und die Bauernhöfe immer stattlicher werden. Das **Café Märchengarten** ist eine echte Sehenswürdigkeit: Wer Schwarzwaldkitsch mag, kommt hier gewiss auf seine Kosten, und Kinder lieben es (alle anderen fahren lieber schnell weiter). In Miniatur sind über 14 Märchendarstellungen

Im oberen Simonswälder Tal

Blick auf Waldkirch

mit zum Teil animierten Märchenfiguren aufgebaut, dazu Schlösser und Burgen sowie ein Schwarzwaldbauernhof mit Sägemühle und Mühlrad. Doch Simonswald hat noch mehr zu bieten: Eine **historische Ölmühle** etwa. Die im Jahr 1712 im Stil eines Heidehauses erbaute Mühle steht wie auf einer Insel – umflossen von der Wilden Gutach und dem Mühlenkanal – etwa 20 Gehminuten vom Ortszentrum entfernt. Sie wurde zuletzt 1955 betrieben. Im Jahr 1974 gelangte die Mühle in Privatbesitz, was ihren Zerfall stoppte und ihre Restaurierung und Erhaltung ermöglichte. Seit 2002 wird erstmals wieder Walnussöl in der Ölmühle hergestellt. Wer die Mühle besichtigen will, muss sich allerdings vorher anmelden.

Wie viele andere Schwarzwaldgemeinden ist auch Simonswald Mitglied in der **„Deutschen Uhrenstraße"**: An der Wegstrecke liegen hochinteressante Museen und reizvolle Sehenswürdigkeiten rund um die Schwarzwälder Uhr. In Simonswald kann man sich eine Uhrenfabrikation, vier historische Mühlen am Wanderweg und Schwarzwälder Uhrenträger beim Heimat- und Brauchtumsabend anschauen (Infos dazu unter: www.zweitaelerland.de).

Wer aber einfach nur durch Simonswald auf dem Rad hindurchfährt, bekommt schnell ein Problem: Dummerweise ist der langgezogene Ort ein Straßendorf im schlechten Sinn, die Hauptstraße ist zugleich eine Durchgangsstraße mit viel Verkehr. Gut, dass ab dem „Unteren Felsen" ein ausgeschilderter Radweg zuerst links , dann rechts und später wieder links der Wilden Gutach bis zum Ende des Tals führt. Am Ottensteg nehmen wir den Elztal-Radwanderweg via Siensbach und Waldkirch. Freiburg ist ab Waldkirch bestens ausgeschildert. Empfehlenswert ist aber die Route via Suggental, Glottertal und Heuweiler, die zum Schluss noch einmal mit landschaftlichen Reizen aufwartet. Dazu folgt man ganz einfach ab Buchholz der Radwegbeschilderung, die sehr verlässlich ist.

Eiswind, Hexen und Schwarzwälder Kirschtorte: mit dem Rennrad auf Rinken und Thurner

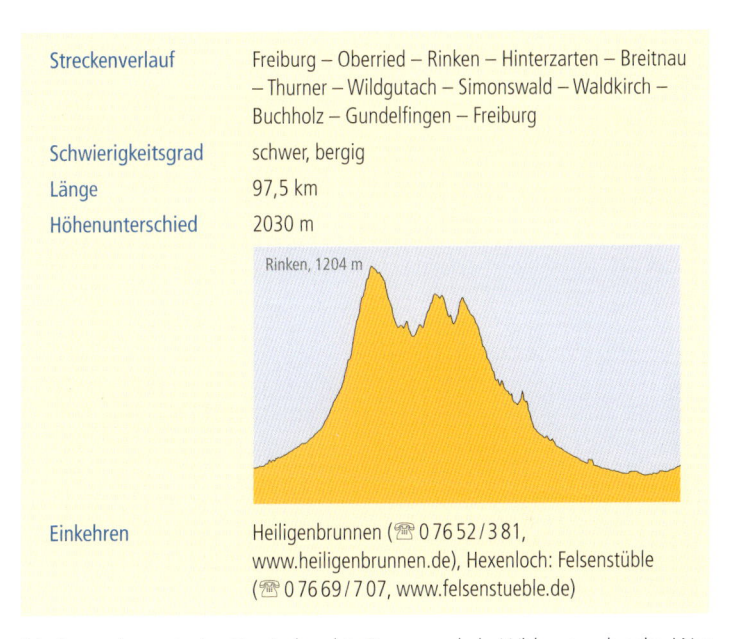

Streckenverlauf	Freiburg – Oberried – Rinken – Hinterzarten – Breitnau – Thurner – Wildgutach – Simonswald – Waldkirch – Buchholz – Gundelfingen – Freiburg
Schwierigkeitsgrad	schwer, bergig
Länge	97,5 km
Höhenunterschied	2030 m
Einkehren	Heiligenbrunnen (☎ 0 76 52 / 3 81, www.heiligenbrunnen.de), Hexenloch: Felsenstüble (☎ 0 76 69 / 7 07, www.felsenstueble.de)

Rinken, 1204 m

Die Sonne brennt, der Eiswind weht. Das muss kein Widerspruch sein. Wer sich an einem heißen Tag die kleine ruhige Straße von Zastler hinauf zum Rinken quält, dem strömt der Schweiß schnell aus allen Poren. Von Freiburg sind wir über Kappel, Geroldstal und Oberried (siehe Tour 18) durch das flache Dreisamtal bis hierher gekommen. Spielend leicht war das. Jetzt türmt

Der Scheibenfelsen im Zastlertal

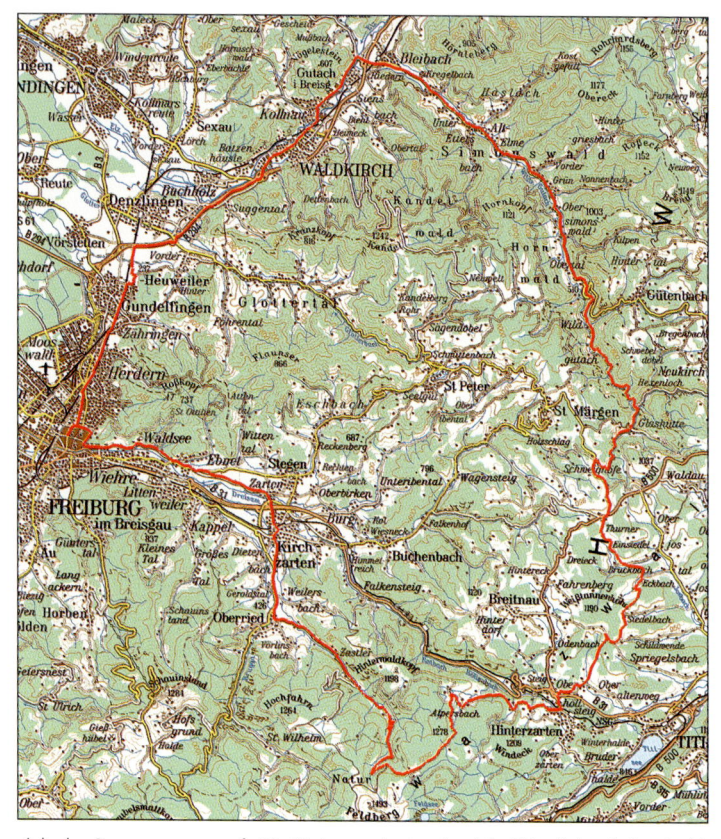

sich der Berg vor uns auf. Die Steigung hat es in sich. Plötzlich wird es kühl, so, als hätte jemand einen Eisschrank geöffnet. Eine kalte Brise weht die Straße hinab – sogar im Hochsommer. Denn in den **Zastler Eishöhlen** hält sich bis in den Spätsommer hinein Schnee, der im Winter dorthin geweht worden ist.

Es wird aber schnell wieder warm, der für den Autoverkehr gesperrte Weg schlängelt sich ja auch mit einer gut 12-prozentigen Steigung bis zum **Rinken** auf 1196 m hinauf. Kurz vor der Passhöhe überbrückt ein Schotterweg, der aber auch mit schmalen Rennradreifen gut befahrbar ist, eine Lücke in der Asphaltstraße. Geschafft. Jetzt geht's hinunter nach Hinterzarten auf 890 m Höhe. Alpersbach huscht vorbei. Kühe links, Pferde rechts, in der Ferne rauscht der Verkehr auf der B 31. Immer geradeaus führt unsere Fahrt bis in den Ort hinein.

In Hinterzarten biegen wir elegant nach links ab auf die Freiburger Straße, unterqueren die Eisenbahnbrücke, und dann wird es kurz knifflig: Vor dem Ortsausgang geht es rechts ab in den Rössleweg immer den kleinen gelbblauen Radwegschildern nach. Ein Fußgängertunnel bohrt sich unter der B 31 hindurch, direkt danach geht es rechts auf einen kleinen Fußpfad mit Schotterbelag. „Am Rösslewald" stoßen wir wieder auf Asphalt, Berge und Landluft – es riecht nach Kuh, Silofutter und Heu. Immer den gelben Schildern nach geht es am Gasthaus **Heiligenbrunnen** vorbei, das mit

Es klappert die Mühle, es rauscht der Bach... Schwarzwaldromantik an der Hexenlochmühle

Madonnenfiguren und einer Kapelle seinem Namen alle Ehre macht und Schwarzwälder Kirschtorte gegen den Hungerast bereithält.

An der **Fürsatzhöhe** geht's nach links: Auf schmalen Wegen passieren wir Siedelbach, Eckbach und Bruckbach, einsam gelegene Höfe und Weiler lassen wir hinter uns liegen. Hinter dem Dominikhof mit dem Holzsägewerk beginnt eine kurze, aber dafür ganz schön knackige Steigung, der Weg zum **Thurner** ist ausgeschildert.

Oben dann lockt die Belohnung für all die Mühen: rollen, rollen und nochmals rollen. Vom Thurnerpass nehmen wir Kurs auf St. Märgen (L 128) und schwenken schon nach 2,5 km hinab in Richtung **Hexenloch** (K 4987). Hexen! Die Gegend ist irgendwie auch verzaubert. Wir rasen wie auf Besen vorbei an Glashütte und Hexenlochmühle. Das Tal wird eng, wird zur Schlucht. Die Wilde Gutach zwängt sich zwischen den Felsmassiven hindurch, hier ist kaum Platz für eine Straße, entsprechend eng ist die Fahrbahn und Vorsicht angebracht.

Die Schlussetappe ist dann landschaftlich weit weniger aufregend als die bisherige Tour, dafür aber besonders entspannend: Durch das lang gezogene Simonswälder Tal rollen wir ins Elztal. Simonswald ist wirklich schön anzusehen, vor allem im unteren Tal, wo die Landschaft immer offener und die Bauernhöfe immer stattlicher werden. Dummerweise ist der Ort eine Durchgangsstraße mit viel Verkehr und daher alles andere als eine Traumstrecke. Immerhin ist der Radweg am Ende des Tals gut befahrbar. Er führt hinein nach Bleibach. Dort nehmen wir den Elztal-Radwanderweg via Siensbach und Waldkirch. Freiburg ist ab Waldkirch bestens ausgeschildert – empfehlenswert ist aber die Route, die zuerst am Stadtrand von Waldkirch via Buchholz, Suggental und Gundelfingen nach Freiburg führt – auf flacher Strecke, was nach fast 100 km auch angesagt ist...

23 Der große Unbekannte: Crosstour auf den Rohrhardsberg

Streckenverlauf	Freiburg – Attental – (Stegen-Eschbach) – St. Peter – Sägendobel – Platte – Simonswald – Rohrhardsberg – Yach – Elzach – Winden – Bleibach – Waldkirch – Buchholz – Heuweiler – Freiburg
Schwierigkeitsgrad	anspruchsvolle Cyclocrosstour, sehr gute Kondition erforderlich, bergig
Länge	106 km bzw. 104 km (Tagestour)
Höhenunterschied	2500 m bzw. 2300 m
Einkehren	St. Peter: Plattenhof (☎ 0 76 60 / 8 64, www.plattenhof-ferienwohnung.de), Rohrhardsberg: Schänzlehof (☎ 0 77 22 / 75 05), Yach: Adler (☎ 0 76 82 / 85 94, www.adler-yach.de)
Sehenswürdigkeiten	Siebenfelsen

Ob Kandel, Schauinsland, Belchen oder Blauen – für Südbadens Rennradler gehören diese Gipfel zum Standardprogramm. Der Rohrhardsberg hingegen, mit 1155 m immerhin einer der höchsten Berge des Mittleren Schwarzwalds, ist vielen Radsportlern völlig unbekannt. Dabei hat der Berg mehr Aufmerksamkeit verdient: Mit seiner abgeschiedenen und ruhigen Lage und seiner wilden Landschaft gilt er schon lange als Geheimtipp für Naturliebhaber und Erholungsuchende. Große Bereiche stehen unter Naturschutz, dichte Wälder, grüne Weiden, blumenbunte Wiesen und Moore prägen das Gebiet.

Geheimtipp für Naturliebhaber: der Gipfelbereich des Rohrhardsbergs

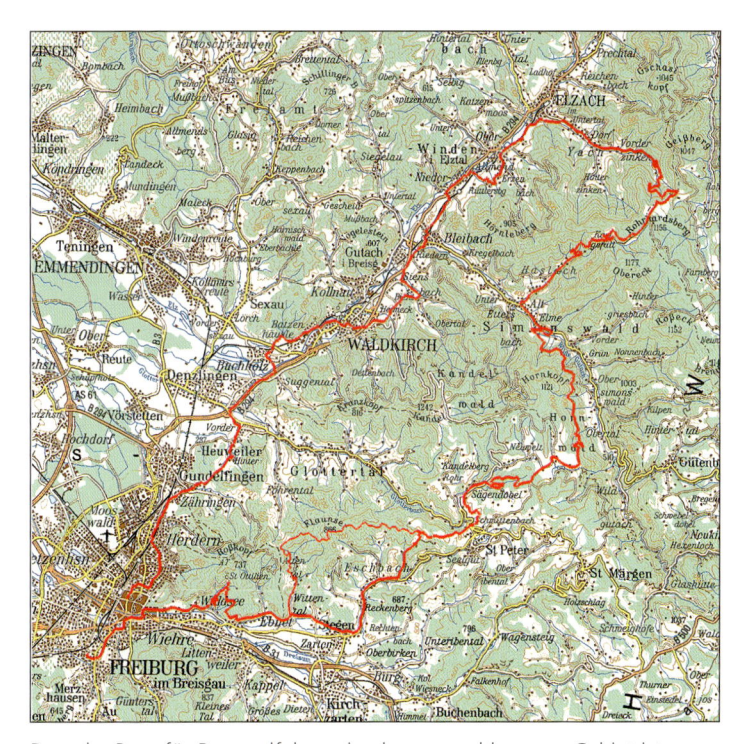

Dass der Berg für Rennradfahrer ein eher unerschlossenes Gebiet ist, wundert kaum, obwohl er sportlich eine echte Herausforderung ist (was Mountainbiker bestätigen). Denn von Simonswald und Elzach ist der Rohrhardsberg nur über steile Forstwege zu erreichen. Einzig von Schonach aus führt eine schmale Asphaltstraße auf den Gipfel, dann ist Schluss – Sackgasse. Mit einem Querfeldein-Rennrad, das geländegängige Stollenreifen hat, stellen sich solche Probleme erst gar nicht, man kann damit fast alle Wege fahren: glatte Asphaltpisten ebenso wie breite Waldwege oder schmale Trails. Wir haben eine Strecke ausgesucht, die auch von Cyclocross-Einsteigern gut bewältigt werden kann: ein perfekter Mix aus Berg und Tal, Wiese und Wald, Schotter und Asphalt. Mit 103 km Länge und 2700 Höhenmetern setzt sie aber eine sehr gute Kondition voraus; für Fortgeschrittene gibt es einige technisch anspruchsvollere Varianten.

Von Freiburg aus geht es via Kartäuserstraße bis nach Ebnet und dann auf dem ausgeschilderten **Dreisamtal-Radwanderweg** (Ds) am Waldrand durch Attental, Wittental und schließlich nach Stegen. Weiter geht es auf der L 127 bis Eschbach. Am Ende des Ortes nehmen wir den Scherlenzendobel, der schön, vor allem aber schön steil hinaufführt bis zum **Langeckhof**, wo ein Traumblick ins Dreisamtal wartet.

Wer sich technisch mehr zutraut, strebt bereits im Attental nach Höherem und nimmt zunächst die normale Straße talaufwärts. Am Albrechtenhof geht es dann links hoch in Richtung Streckereck und ab da auf dem **Kandel-Höhenweg** (weißes K auf roter Raute) bis St. Peter. Da man in Baden-Württembergs Wäldern Wege erst ab einer Breite von 2 m mit dem Rad befahren darf, steigt der gesetzestreue Pedaleur freilich ab, um sein Rad die nächsten

Landschaft wie aus dem Bilderbuch: Blick ins Föhrental vom Kandelhöhenweg am Streckereck

10 km zu schieben. Ansonsten gilt: Wanderer haben Vorrang, lieber kurz anhalten, als nachhaltig die Stimmung zu vermiesen. Und Förster meiden.

Auf dem Kandel-Höhenweg sind auch viele Mountainbiker unterwegs, die mit ihren gut gefederten Rädern leichter über Wurzeltreppen und allzu steinige Streckenabschnitte kommen – aber auch mit dem Querfeldeinrenner ist der Weg gut zu fahren: Die hohen Anforderungen an Technik und Kondition werden mit einer abwechslungsreichen, wilden Landschaft und tollen Aussichten belohnt. Vorbei geht es am Flaunser und dem Langeckhof, der idyllisch zwischen Bergweiden liegt.

Oberhalb von St. Peter überqueren wir die Glottertalstraße und fahren geradeaus weiter auf dem Haldenweg in einem schwungvollen Auf und Ab bis nach Sägendobel. Auf der Landstraße geht es weiter in Richtung Kandel, hinter Sägendobel dann rechts ab in den schön steilen Willmendobel (später Schafteckweg), der via Potsdamer Platz zum **Plattenhof** führt – ein gemütliches Berggasthaus, das mit seiner großen Terrasse wie gemacht ist für eine große Pause.

Dann kommt die große Abfahrt: Hinter dem Plattenhof geht es bergab bis zum Langecker Hof und weiter auf dem Plattenweg bergab nach Simonswald – immer der gelben Raute und dem Radwegschild folgend. Die Abfahrt ist rasant und steil und gespickt mit derart schönen Ausblicken, dass Anhalten und Genießen nicht nur Kür ist, sondern Pflicht. In Altsimonswald geht es rechts in die Kirchstraße in Richtung Haslach-Simonswald – die Auffahrt zum Rohrhardsberg! Die Straße windet sich enorm steil bergauf und kann der legendären Stohrenstraße zwischen Münstertal und Schauinsland locker das Wasser reichen, was die Steigungsprozente angeht – nur ist der Anstieg hier deutlich länger. Nach einigen Kilometern Asphalt gelangen wir an den Gefällhof. Dort links weiter auf den Forstweg immer den Radschildern nach – und bloß nicht auf die Wanderwegweiser hereinfallen, die zum **Rohrhardsberg** in die entgegengesetzte Richtung locken.

Der Gipfel an sich ist relativ unspektakulär, weil er mitten im dichten Wald liegt, doch einige Meter unterhalb, an der **Schwedenschanze**, hat man tolle Ausblicke über die offene Gipfelregion. Ab hier folgen wir der dunkelblauen Raute nach Yach, vorbei am **Gasthaus Schänzlehof**. Steil geht es bergab durch ein kleines Waldstück bis zu einer Wegkreuzung: Der Forstweg ganz links führt vorbei an den Siebenfelsen bis hinunter nach Yach (wer genau schaut, entdeckt an einem Baum ein ausgeblichenes Mountainbikeschild). Der Wanderweg mit der dunkelblauen Raute ist wieder etwas für Liebhaber anspruchsvoller Trails: ein schmaler Pfad, durchaus befahrbar, aber auch mit Tragepassagen über Wurzeltreppen und verblockte Abschnitte.

Rohrhardsberg: Abfahrt auf Forstwegen

Egal, welchen der beiden Wege man wählt, die Yacher **Siebenfelsen** sollte man sich auf jeden Fall ansehen: Das meterhohe Steingebilde besteht aus sieben übereinanderliegenden, mächtigen Granitsteinen, die vermutlich von Gletschern an diese Stelle transportiert worden sind. Geheimnisliebende Zeitgenossen sehen in den Felsen einen „mystischen Kraftort", der einst eine keltische Kultstätte gewesen sein soll – sodass man im umliegenden Wald öfters auf umherschweifende Esoteriker trifft.

Yach selbst ist ein kleiner, charmanter Schwarzwaldort mit weniger als 1000 Einwohnern – fernab von den Touristenströmen, dafür aber mit einer wundervollen Landschaft gesegnet. Zur Einkehr ist besonders das **Dorfgasthaus Adler** empfehlenswert – die gigantische Salatplatte „Adlerhorst" reicht locker für zwei hungrige Radfahrermägen. Da ja noch gut 30 km Rückweg auf dem ausgeschilderten Elztal-Radwanderweg (Et auf grünem Grund – siehe Tour 14) nach Freiburg anstehen, sollte man seinen Appetit aber besser zügeln.

Die Siebenfelsen in Yach sind ein Überbleibsel aus der Zeit, als der Schwarzwald noch von Gletschern bedeckt war

24 Von Freiburg auf den Höchsten: der Feldberg ruft

Streckenverlauf	Freiburg – Merzhausen – Au – Wittnau – Biezighofen – Geiersnest – Holzschlägermatte – Schauinsland – Notschrei – Stübenwasen – Feldberg – Rinken – Alpersbach (bzw. Zastler oder Hinterwaldkopf) – Kirchzarten – Freiburg
Schwierigkeitsgrad	schwer
Länge	71 km
Höhenunterschied	2000 m

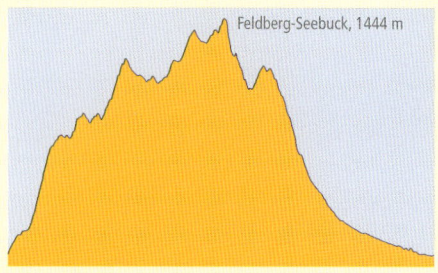

Feldberg-Seebuck, 1444 m

Einkehren	Geiersnest: Schweighof (☎ 0 76 02 / 2 49), Schauinsland: Café Restaurant Bergstation (☎ 0 76 02 / 7 71, www.bergwelt-schauinsland.de), Notschrei: Loipenhaus (www.notschrei-loipe.de), Feldberg: Berggasthof Stübenwasen (☎ 0 76 71 / 3 34, www.berggasthof-stuebenwasen.de), Todtnauer Hütte (☎ 0 76 76 / 3 73, www.todtnauer-huette.de), St. Wilhelmer Hütte (☎ 0 76 76 / 3 42, www.sankt-wilhelmerhuette.de), Feldberger Hof (☎ 0 76 76 / 1 80, www.feldbergerhof.de), Raimartihof (☎ 0 76 76 / 2 26 www.raimartihof.de), Zastler Hütte (☎ 0 76 76 / 2 44, www.zastler-huette.de)

Mit 1493 m Höhe ist der Feldberg nicht nur der höchste Gipfel des Schwarzwalds, sondern auch der höchste Berg in Baden-Württemberg. Als ob das nicht genug wäre, ist der Feldberg zudem die höchste Erhebung aller deut-

Morgenstimmung am Feldberg

schen Mittelgebirge. Und weil die eiszeitlich geprägten Oberflächenformen, das raue Klima und die Tier- und Pflanzenwelt an die Alpen erinnern, wird der Feldberg auch als „subalpine Insel" bezeichnet – ebenfalls einmalig im Land. Zudem ist der Berg für Erholungssuchende bestens erschlossen, nicht nur im Winter, wenn der Skizirkus am Feldberg täglich tausende Touristen anzieht, sondern auch im Sommer. Zahlreiche bewirtschaftete Berghütten wie die Baldenweger Hütte, die Zastler Hütte, die St. Wilhelmer Hütte oder die Todtnauer Hütte locken Wanderer und Mountainbiker in die Gipfelregion, dazu gibt es noch diverse Hotels und Gasthäuser – entsprechend viel ist an manchen Tagen los. Und dennoch lohnt sich eine Radtour von Freiburg auf den „Höchsten", denn die Strecke führt über einsame Waldwege durch tolle Natur und bietet für technisch versiertere Fahrer attraktive Varianten, die über schmale und anspruchsvolle Single-Trails führen.

Unsere Tour ist für ein leichtes und wendiges Cyclocrossrad ausgelegt. Wer es komfortabler mag, ist auch mit einem gefederten Mountainbike gut beraten. Die Strecke führt von Freiburg aus ausschließlich auf Wirtschafts- und Forstwegen. Zuerst wird der Schauinsland erklommen, dann Notschrei und Stübenwasen, bevor es hinauf auf den Feldberg geht. Zurück führt die Strecke entweder asphaltiert durch das wilde Zastlertal oder auf einem steilen Waldweg durchs Höllental via Falkensteig hinunter ins beschauliche Dreisamtal. Dabei sollte man als Radfahrer immer beachten, dass Teile der Tour durch Naturschutzgebiete führen, am Schauinsland etwa und am Feldberg. Der Feldberg ist nicht nur das älteste (seit 1937), sondern auch das mit 4226 ha größte und höchstgelegene **Naturschutzgebiet** in Baden-Württemberg. Es umfasst folgendes Gebiet: Feldberg-Wanne (an der B 315), Raimartihof, Rinken, Kluse, Toter Mann, St. Wilhelm-Hintertal, Katzensteig, Stübenwasen Gasthaus, Todtnauer Hütte. Vorsicht und Rücksichtnahme auf Tier- und Pflanzenwelt sollten hier also selbstverständlich sein.

Mit 71 km Länge und 2000 Höhenmetern ist die Strecke außerordentlich anspruchsvoll und verlangt eine gute Kondition. Man bekommt dafür allerdings auch den Schwarzwald von seinen besten Seiten zu sehen: rauschende Bäche und wilde Wälder, zerklüftete Täler und Bergalmen. Der Gipfel bietet bei klarer Sicht einen Rundblick von der Zugspitze bis zum Mont Blanc, den man unbedingt genießen sollte, bevor man sich in eine der steilen Abfahrten durch das Naturschutzgebiet am Feldberg stürzt. Und nicht zuletzt: Dort oben gibt es ausgezeichnete Berggasthöfe, die für den nötigen Energienachschub sorgen – was will man mehr?

Start ist im Ortskern von Merzhausen, das am südlichen Stadtrand von Freiburg am Eingang zum Hexental liegt. Vom Freiburger Stadtzentrum gelangen wir dorthin über die Basler Straße und die Merzhauser Straße, die geradewegs aus der Stadt hinausführt. In Merzhausen biegen wir dann rechts ab in die Dorfstrasse, hinter dem Hirschen dann links in die Weberstraße und gleich wieder links in den Mayenrainweg – ein schöner Wirtschaftsweg mit befestigtem Untergrund, der idyllisch, aber zuweilen bissig steil an der Flanke des Schönbergs bis nach Au führt. Dort dem Radweg nach in die Straße „Am Schönberg", dann links in den oberen Heimbachweg, der uns bis Wittnau bringt.

Wittnau, ein beschaulicher Ort, umgeben von Reben und waldreichen Hängen, ist einer der höchstgelegenen Weinorte Badens. Aber weil wir noch einiges vor uns haben, verschieben wir die Rast auf dem schönen Dorfplatz auf eine andere Gelegenheit. Geradeaus geht es durch die Alemannenstraße und dann links in die Weinbergstraße, die uns nach Biezighofen bringt. Ab hier ist es leicht, wir müssen einfach nur den gelben Wanderschildern in Richtung Schauinsland den Sandbühl bergauf folgen. Später heißt der steile, aber gut befahrbare Forstweg, der sich durch den Bergwald hinaufwindet, Geiersnestweg. Am Wanderparkplatz **Geiersnest** (820 m) angekommen, der oberhalb des Eckhofs liegt und zu St. Ulrich gehört, geht es geradeaus weiter in Richtung Schauinsland und Holzschlägermatte, vorbei am Lehhof und durch den Heuweg.

Am Geiersnest: breiter Forstweg auf der Route zum Schauinsland

Am Schauinsland: von den Weidehängen oberhalb von Hofsgrund bietet sich ein freier Blick auf den Gipfelbereich des Feldbergs

An der Holzschlägermatte überqueren wir die Schauinslandstraße (L 124). Einst standen hier die Tribünen während der legendären Schauinsland-Bergrennen, tausende Menschen säumten die Straßenränder. Heute sorgen keine Motoren mehr für Wirbel, sondern die Rotoren zweier **Windkraftanlagen**, die in den vergangenen Jahren viel Stoff für Diskussionen lieferten: Landschaftsschützer empfanden die Anlagen als Verschandlung, und Tierschützer behaupteten, dass Fledermäuse in die Rotoren geraten und tödlich verletzt würden. Der Wirbel hat sich gelegt, inzwischen wird sogar darüber diskutiert, weitere Standorte am Schauinsland für Windkraftanlagen zu erschließen.

Wir fahren unterhalb des derzeit leider stets geschlossenen Gasthauses an der Holzschlägermatte geradeaus weiter auf den Ramselendobelweg. Nach etlichen Höhenmetern, Kehren und Steilstücken erreichen wir das Mundloch des **Kappler Stollens** auf 981 m Höhe. Kurz dahinter biegen wir scharf rechts auf den Schauinslandweg ab und bald darauf links auf den Hundsrückenweg, der uns über eine dezente Wurzeltreppe bis zum Sonnenobservatorium unterhalb des **Schauinslandgipfels** führt. Der asphaltierte Schauinslandweg schlängelt sich ab hier nach rechts leicht bergab bis zum Gipfelparkplatz. Den Gipfel selbst sollte man mit dem Fahrrad aus Gründen des Naturschutzes nicht befahren. Wer also die tolle Aussicht vom Schauinslandturm genießen will (siehe Tour 17), kann die letzten Meter zum Gipfel auch zu Fuß auf einem schönen Wanderweg zurücklegen.

Unsere Tour setzen wir fort in Richtung Notschrei. Oberhalb des Parkplatzes führt ein schmaler Pfad in Richtung des Notschrei-Passes, nur ein paar Meter neben der Schauinslandstraße, die gerade an Wochenenden relativ stark befahren ist. Gleich hinter dem **Hotel Halde** zweigt ein Wanderweg links in Richtung Notschrei ab. Nach gut 400 m müssen wir die L 124 erneut überqueren und landen so auf dem Parkplatz des Skilifts Haldenköpfle. Ab hier folgen wir einem geschotterten Waldweg, dem Siebenhügelweg, bis zum Notschrei.

> **Notschrei** Der Notschrei ist – anders als viele glauben – kein Berg, sondern eine Passhöhe zwischen Dreisamtal, Schauinsland und dem oberen Wiesental bei Todtnau. Der Pass liegt auf 1119 m Höhe in der Gemeinde Todtnau und ist zugleich die Wasserscheide zwischen Dreisam- und Wiesental. Die heute stark befahrene Passstraße wurde erst 1848 erbaut und verband ursprünglich die Orte Oberried und Todtnau – der Bau der Straße erfolgte erst, nachdem die Bevölkerung des abgelegenen Schwarzwaldtals jahrzehntelang erfolglos bei der badischen Landesregierung in Karlsruhe eine bessere Anbindung an die bereits bestehende Verbindung zwischen Kirchzarten und Freiburg und damit an die Rheinebene gefordert hatte. Seinen ausgefallenen Namen trägt der Pass, weil die entsprechende Petition der Gemeinde Todtnau an den Karlsruher Landtag damals als „Notschrei" bezeichnet worden war.
>
> Beim Notschrei beginnen viele Wandermöglichkeiten rund um Feldberg, Schauinsland und Belchen, im Winter ist die Gegend für ihre hervorragend in Schuss gehaltenen Loipen bekannt (www.notschrei-loipe.de). Freilich kommen auch Mountainbiker und Rennradler hier auf ihre Kosten – auch kulinarisch, denn das 2008 eröffnete neue Loipenhaus am Notschrei beherbergt ein Bauerncafé, das ganzjährig geöffnet hat und deftige, aber gute Speisen anbietet. Langlauf zwischen Notschrei, Schauinsland und Stübenwasen ist auf 1100 m Höhe meist bis ins Frühjahr hinein möglich. Deshalb ist vor Ende April wegen des Schnees meist nicht daran zu denken, die Strecken oberhalb der Passhöhe mit dem Rad zu befahren.

Das **„Waldhotel am Notschreipass"** lassen wir rechts liegen und nehmen den ausgeschilderten Radweg durch den Bergwald in Richtung Stübenwasen. Hinter der Biathlonanlage fahren wir an der Schranke nach rechts weiter bergauf durch den Wald. Man kann jetzt dem Radweg folgen, sehr empfehlenswert ist aber ein kleiner Schlenker dem roten Wanderwegsymbol des Westwegs nach, der über einen kleinen, nicht allzu anspruchsvollen Trail führt: Ein paar Steine, ein paar Wurzeln, schon ist die steile, aber gut befahrbare Passage wieder vorbei, die eine schöne Abwechslung zu den breiten Forstwegen bietet. Gut 20 m vor dem **Gasthaus Stübenwasen** fahren wir nach rechts und folgen dem gelben Wanderwegschild Richtung Feldberggipfel.

Unterhalb des Gipfels kauert sich bereits die **St. Wilhelmer Hütte** an den steilen Hang. Sie liegt auf einer Hochalm am Feldberg und gilt als die höchste Hütte im Schwarzwald. Doch bevor wir sie erreichen, biegen wir bereits rechts ab und folgen der gelben Raute in Richtung Seebuck. Wir passieren die **Todtnauer Hütte** und kommen relativ bequem auf einem breiten

Der Feldsee mit dem angrenzenden Moor und dem Raimartihof ▶

Blick vom Seebuck zum Höchsten, nach rechts öffnet sich das „Grüble"

und moderat ansteigenden Weg zum Feldberger Hof. Wer will, kann einen Schlenker zum Feldberggipfel oder zum Seebuck machen (ausgeschildert), die direkte Abfahrt vom Seebuck zum Feldberger Hof ist allerdings wild und steil. Der Weg auf den Gipfel lohnt sich allemal: Der **Seebuck** (1448 m) ist einer der Gipfel des Feldbergmassivs und dem Hauptgipfel oder **„Höchsten"** (1493 m) direkt benachbart. Beide Gipfel gehören zum gleichen Höhenzug und werden lediglich durch eine flache Senke, das „Grüble", voneinander getrennt. Deshalb ist oft auch der Seebuck gemeint, wenn vom Feldberg die Rede ist.

Hinter dem **Feldberger Hof**, der zwar ein unschöner Betonklotz direkt an der Skipiste ist, dafür aber damit wirbt, Deutschlands erstes „klimaneutrales Hotel" zu sein, geht es dann rechts ab, immer den Wanderwegschildern in Richtung Raimartihof und Feldsee folgend. Der **Raimartihof** bietet sich geradezu an für eine längere Einkehr: Der etwa 300 Jahre alte Bauerngasthof liegt nur einen Steinwurf vom **Feldsee** entfernt auf 1125 m Höhe und beeindruckt mit guter Küche, einer original Schwarzwälder Bauernstube und einem wuchtigen alten Kachelofen. Auch Übernachtungen sind hier möglich.

Hinter dem Raimartihof fahren wir links den Berg wieder hinauf in Richtung **Rinken** (1196 m). Dort nehmen wir die Asphaltstraße, die rechts hinunter in Richtung Alpersbach und Hinterzarten führt. Wer es technisch anspruchsvoller mag, kann den schmalen Wanderweg nehmen, der direkt hinter der Rinkenklause nach links in den Wald abzweigt. Auf schmalen Trails geht es zum **Hinterwaldkopf** (1198 m), wo eine grandiose Aussicht auf den Feldberg, aber auch auf den Kandel und andere Berge des Mittleren Schwarzwalds wartet. Ein Wanderweg führt zuerst über eine Kuhweide, dann auf breiteren Forstwegen hinunter nach Falkensteig.

Gipfelanstieg zum Hinterwaldkopf

Die etwas einfacher zu bewältigende Variante: Abfahrt vom Rinken in Richtung Alpersbach, am Hanselehof nach links und dann gleich rechts weiter auf dem Asphaltweg durch eine kleine Siedlung. Danach weiter auf einem breiten, aber sehr abschüssigen Waldweg hinunter ins **Höllental**. Auf 750 m summiert sich das Gefälle auf den nächsten 11 km. Unten in Falkensteig zeigt der Schwarzwald sein hässlichstes Gesicht – hier tobt der Durchgangsverkehr auf der B 31, aber das ficht uns nicht an. Wir nehmen den kleinen Fußpfad, der talabwärts auf der linken Seite des Höllenbachs entlang führt – der Verkehrslärm wird vom Rauschen des nahen Bachs fast übertönt. Am Tumichelweg stoßen wir wieder auf den ausgeschilderten Radweg nach links, alternativ kann man aber auch weiter auf dem Fußpfad fahren. An der Unterführung zum Bahnhof Himmelreich fahren wir geradeaus weiter auf dem ausgeschilderten **Dreisamtal-Radwanderweg** (Ds) in Richtung Kirchzarten. Der Weg führt durch Weilersbach und Geroldstal mit seinen schönen alten Schwarzwaldhöfen und den Gasthäusern mit den einladenden Terrassen. Den Schildern folgend geht es weiter nach Dietenbach und Neuhäuser. In Kappel geht es links in die Alemannenstraße. Ab hier fahren wir immer geradeaus bis zum **Waldsee** – von hier aus ist die Innenstadt nur noch einen Krötensprung entfernt und zudem ausgeschildert. Je nach Jahreszeit kann es sein, dass man einen kleinen, ausgeschilderten Umweg fahren muss: Wegen der Krötenwanderung ist die Waldseestraße ein paar Mal im Jahr komplett gesperrt.

Radfahrer im Dreisamtal

Für Freunde gepflegter Singletrails bietet sich ein Abstecher in den Freiburger **Stadtwald** oberhalb der Wiehre an: Bereits in Littenweiler fährt man an der Kirche einfach links in die Sonnenbergstraße und sofort nach rechts die steile Badstraße hinauf. Nach 100 m zweigt in der Linkskurve ein kleiner Fußpfad ab, der geradeaus über eine Kuhweide führt. Weiter oben entfaltet sich ein ganzes Netz diverser Single-Trails bis zum Sternwaldeck oder weiter nach Günterstal. Da das Wegenetz so vielfältig ist, braucht man sich hier nicht auf Beschreibungen zu verlassen, sondern kann getrost selbst auf Entdeckungstour gehen. Bloß an Wochenenden sollte man diese Strecken meiden, da hier sehr viele Wanderer unterwegs sind.

Fotos
Rüdiger Buhl, Kirchzarten: 6
Andreas Färber, www.post-scriptum.biz:
14, 45, 78, 86/87, 88 unten, 109
Freiburg Wirtschaft Touristik und Messe
GmbH & Co. KG (FWTM): 33, 77 oben,
85, 86 unten, 99, 104, 111
Stefan Krauss, www.post-scriptum.biz:
42, 44, 77 unten, 91, 93, 97, 107
Arndt Spieth, Tübingen: 40
wikipedia.org: 21, 41, 89 (Taxialex), 95
(Neptuna)
ZweiTälerLand Tourismus, Gutach i. Br.:
61, 64 oben und unten, 96
Alle anderen Fotos vom Autor.

Umschlagbild
Patrick Kunkel, Freiburg

Layout
Steffen Harms, Darmstadt

Herstellung
post scriptum, www.post-scriptum.biz

Druck
Bosch-Druck, Landshut

Kartennachweise
Grundlage Topographische Karte
1:200 000: © Bundesamt für Kartographie
und Geodäsie, Frankfurt am Main.
Touren 5 und 16: Grundlage Topographische Karte 1:50 000 Baden-Württemberg,
© Landesamt für Geoinformation und
Landentwicklung Baden-Württemberg
(www.lgl-bw.de), vom 7.10.2009,
AZ 2851.2-A/942.
Übersichtskarte U2: OpenStreetMap,
lizenziert unter CC-by-sa, http://
creativecommons.org/licenses/by-sa/2.0/

Die Höhenprofile in diesem Band
wurden mit Hilfe des Programms „Tour
Explorer 25" der Firma MagicMaps
(www.magicmaps.de) erstellt.

G.BRAUN BUCHVERLAG
Karlsruhe
www.gbraun-buchverlag.de
info@gbraun-buchverlag.de

© 2009 DRW-Verlag Weinbrenner
GmbH & Co. KG
Leinfelden-Echterdingen

Das Werk einschließlich aller seiner Teile ist
urheberrechtlich geschützt. Jede Verwertung außerhalb der engen Grenzen des
Urheberrechtsgesetzes (auch Fotokopien,
Mikroverfilmung und Übersetzung) ist
ohne Zustimmung des Verlages unzulässig
und strafbar. Dies gilt auch ausdrücklich
für die Einspeicherung und Verarbeitung
in elektronischen Systemen jeder Art und
von jedem Betreiber.

ISBN 978-3-7650-8528-4